PETER STELTER

# Die Hearsay Rule und ihre Ausnahmen im englischen Strafprozeß

# NEUE KÖLNER RECHTSWISSENSCHAFTLICHE ABHANDLUNGEN

HERAUSGEGEBEN VON
DER RECHTSWISSENSCHAFTLICHEN FAKULTÄT
DER UNIVERSITÄT ZU KÖLN

HEFT 61

Berlin 1969
WALTER DE GRUYTER & CO.
vormals G. J. Göschen'sche Verlagshandlung · J. Guttentag, Verlagsbuchhandlung
Georg Reimer · Karl J. Trübner · Veit & Comp.

# Die Hearsay Rule und ihre Ausnahmen im englischen Strafprozeß

Von

**Peter Stelter**

Berlin

Berlin 1969

WALTER DE GRUYTER & CO.

vormals G. J. Göschen'sche Verlagshandlung · J. Guttentag, Verlagsbuchhandlung
Georg Reimer · Karl J. Trübner · Veit & Comp.

Archiv-Nr. 27 08 69/3

Satz und Druck: Saladruck, Berlin 36

Meinen Eltern
und
meiner Frau

Die Anregung zu der vorliegenden Arbeit gab mir mein hochverehrter Lehrer, Herr Professor Dr. jur. Dietrich Oehler. Dafür sowie für die Hilfe, die er mir bei der Anfertigung der Arbeit gewährt hat, möchte ich ihm an dieser Stelle danken.

# INHALT

# LITERATURVERZEICHNIS


*Archbold* — Pleading, Evidence & Practice in Criminal Cases, 36th edition by T. R. Fitzwalter Butler and Marston Garsia, London 1966 (Stand: 25. Sept. 1968).

*Arndt, Adolf* — 1. Mittelbares Zeugnis? (Wahrheitsermittlung und Nachforschung der Presse) — 2. Hat die Staatsanwaltschaft kein verfassungskräftiges Recht auf rechtliches Gehör?, in: NJW 1962 S. 1192.

— 1. Das Unbehagen an der Verfassung (Art. 19 Abs. 4 und 101 GG) — 2. Rechtliches Gehör (Art. 103 Abs. 1 GG) und Zeugnis vom Hörensagen — 3. Schranken der Selbstverteidigung (§§ 244, 245 StPO), in: NJW 1963 S. 432.

*Baker, R. W.* — The Hearsay Rule, London 1950.

*Brunner, Heinrich* — Schwurgericht, in: Abhandlungen zur Rechtsgeschichte (Gesammelte Aufsätze von H. Brunner), hrsg. von Karl Rauch, Band I, Weimar 1931.

*Cross, Rupert* — Evidence, 2nd edition, London 1963.

— What should be done about the Rule Against Hearsay?, in: [1965] Crim. L. R. 68.

— A Short Reply, in: [1965] Crim. L. R. 97.

*Cross* and *Jones* — An Introduction to Criminal Law, 4th ed. by R. Cross and P. A. Jones, London 1959.

*Devlin, Patrick* — Trial by Jury, London 1956.

— The Criminal Prosecution in England, London 1960.

*East, Edward Hyde* — A Treatise of the Pleas of the Crown, Vol. I, London 1803.

*Griew, Edward* — What the Butler Said He Saw, in: [1965] Crim. L. R. 91.

*Grünhut, Max* — Die Bedeutung englischer Verfahrensformen für eine deutsche Strafprozeßreform, in: Festschrift für Hellmuth v. Weber zum 70. Geburtstag, Bonn 1963.

*Hale, Matthew* — The History of the Pleas of the Crown, A new edition, Vol. II, o. O. 1800.

*Halsbury's* — Laws of England, 3rd edition by Viscount Simonds, London (Stand: 1. Aug. 1968).

*Halsbury's* — Statutes of England, 2nd edition by Burrows, London (Stand: Februar 1968).

*Harris's* — Criminal Law, 21st edition by A. Hooper, London 1968

*Hawkins, William* — A Treatise of the Pleas of the Crown, 7th edition by Thomas Leach, London 1795.

— A Treatise of the Pleas of the Crown, 8th edition by John Curwood, London 1824.

*Hüfner* — Der Fall Bullerjahn und die Presseangriffe auf das Reichsgericht, von rechtlichen Gesichtspunkten aus beurteilt, in: LZ 1929 S. 745.

*Kenny's* — Outlines of Criminal Law, 19th edition by J. W. C. Turner, Cambridge 1966.

*Klug, Ulrich* — Referat, gehalten auf dem 46. Deutschen Juristentag in Essen 1966, in: Beweisverbote im Strafprozeß, Verhandlungen des 46. Deutschen Juristentages, Band II (Sitzungsberichte) — Teil F, München und Berlin 1967.

*Kohlhaas* — Zulässigkeit, Brauchbarkeit und Preisgabe vertraulicher Gewährsleute im Strafverfahren, in: JR 1957 S. 41.

*Löwe-Rosenberg-Geier* — Die Strafprozeßordnung und das Gerichtsverfassungsgesetz mit Nebengesetzen, 1. Band, 21. Aufl., Berlin 1963.

*Meilicke, Heinz* — Der vom Staatsgeheimnis verhüllte V-Mann — Belastungszeuge?, in: NJW 1963 S. 425.

*Mittermaier, C. J. A.* — Das englische, schottische und nordamerikanische Strafverfahren im Zusammenhange mit den politischen, sittlichen und socialen Zuständen und in den Einzelheiten der Rechtsübung, Erlangen 1851.

*Morgan, Edmund M.* — The Relation Between Hearsay and Preserved Memory, in: Harvard Law Review, Vol. 40 (1926/27), S. 712.

— Hearsay Dangers and the Application of the Hearsay Concept, in: Harvard Law Review, Vol. 62 (1948/49), S. 177.

*Müller-Sax (KMR)* — Kommentar zur Strafprozeßordnung, Band 1, 6. Aufl., Darmstadt 1966.

*Newman, K. M.* — Das englisch-amerikanische Beweisrecht, mit einem rechtsvergleichenden Vorwort von W. Sachs, Heidelberg o. J. (nach 1945).

*Nokes, G. D.* Cockle's Cases and Statutes on Evidence, 10th edition by G. D. Nokes, London 1963.

— Some Suggestions on Hearsay, in: [1965] Crim. L. R. 85.

*Peters, Karl* Strafprozeß (Ein Lehrbuch),
1. Aufl., Karlsruhe 1952,
2. Aufl., Karlsruhe 1966.

— Individualgerechtigkeit und Allgemeininteresse im Strafprozeß, in: Tübinger Rechtswissenschaftliche Abhandlungen, Bd. 9 (Summum ius summa iniuria), S. 191, Tübingen 1963.

— Beweisverbote im deutschen Strafverfahren, Gutachten für den 46. Deutschen Juristentag, in: Verhandlungen des 46. Deutschen Juristentages in Essen 1966, Bd. I (Gutachten) — Teil 3 A, München und Berlin 1966.

*Phipson* On Evidence, 10th edition by M. V. Argyle, (The Common Law Library, No. 10), London 1963 (Stand: Januar 1967).

*Sarstedt, Werner* Die Revision in Strafsachen, 4. Aufl., Essen 1962.

— Referat, gehalten auf dem 46. Deutschen Juristentag in Essen 1966, in: Beweisverbote im Strafprozeß, Verhandlungen des 46. Deutschen Juristentages, Band II (Sitzungsberichte) — Teil F, München und Berlin 1967.

*Schaefer, Siegbert* Zeugnis vom Hörensagen und freie Beweiswürdigung, in: Strafrechtliche Abhandlungen, Heft 320 (1933).

*Schmidt, Eberhard* Anmerkung zu BGHSt 17, 382, in: JZ 1962 S. 761.

— Lehrkommentar zur Strafprozeßordnung und zum Gerichtsverfassungsgesetz, Teil I: Die rechtstheoretischen und rechtspolitischen Grundlagen des Strafverfahrensrechts, 2. Aufl., Göttingen 1964; Teil II: Erläuterungen zur Strafprozeßordnung und zum Einführungsgesetz zur Strafprozeßordnung, Göttingen 1957.

— Einführung in die Geschichte der deutschen Strafrechtspflege, 3. Aufl., Göttingen 1965.

*Schulz, Georg* Bekanntgabe von V-Leuten an die Staatsanwaltschaft, in: GoltdA 1958 S. 264.

*Schwarz-Kleinknecht* Strafprozeßordnung, 26. Aufl., München — Berlin, 1966.

*Spendel, Günter* Wahrheitsfindung im Strafprozeß, in: JuS 1964 S. 463.

*Stephen, James F.* A History of the Criminal Law of England, Vol. I, London 1883.

*Tiedemann, Klaus* — Zur verfassungsrechtlichen Bedeutung der Vernehmung mittelbarer Zeugen im Strafprozeß, in: MDR 1963 S. 456.

— Zum Fortgang des Streites um die Zulassung von V-Leuten im Strafprozeß, in: MDR 1965 S. 870.

— Zeugen vom Hörensagen — BGHSt 17, 382, in: JuS 1965 S. 14.

*Wigmore, John Henry* — A Treatise on the Anglo-American System of Evidence in Trials at Common Law, Vol. 5, 3rd edition, Boston 1940.

*Williams, Glanville* — The Proof of Guilt — A Study of the English Criminal Trial —, 3rd edition, London 1963.

*Willms, Günther* — Anonyme Zeugen (Zeugnis über die Bekundung anonymer Gewährsleute), in: DRiZ 1964 S. 234.

*Vogel, Gian Paolo* — Das Schwurgericht im englischen Strafprozeß, Jur. Diss. Zürich, Winterthur 1954.

46. Deutscher Juristentag in Essen, o. V., in: NJW 1966 S. 2049.

## VERZEICHNIS DER ENGLISCHEN ENTSCHEIDUNGEN

John's Case, Thomas, (1790) 1 East P. C. 357 f.

Lefebure v. Worden, (1750) 2 Ves. Sen. 54; 28 E. R. 36.
Lilley v. Pettit, [1946] 1 All E. R. 593.
Lloyd v. Powell Duffryn Steam Coal Co., Ltd., [1914] A. C. 733.
Lutterell v. Reynell, (1670) 1 Mod. 282; 86 E. R. 887.
Lyell v. Kennedy, (1889) 14 A. C. 437.

Macgillivray, In the Estate of, [1946] 2 All E. R. 301.
Mellor v. Walmesley, [1905] 2 Ch. 164.
Mercer v. Denne, [1905] 2 Ch. 538.
Merrick v. Wakley, (1838) 8 Ad. & E. 170; 112 E. R. 802.
Moriarty v. The London, Chatham and Dover Railway Co., (1870) 22 L. T. 163.
Myers v. D. P. P., (1964) 48 Cr. App. R. 348.

Neill v. The Duke of Devonshire, (1882) 8 A. C. 135.
Nicholls v. Parker, (1805) 14 East 331; 104 E. R. 629.

Pickering v. Barkley, (1674) Style 132; 82 E. R. 587.
Pim v. Currell, (1840) 6 M. & W. 234; 151 E. R. 395.
Polini v. Gray, (1879) 12 Ch. D. 411.
Poole v. Dicas, (1835) 1 Bing. (N. C.) 649; 131 E. R. 1267.
Price v. Earl of Torrington, (1703) 1 Salk. 285; 91 E. R. 252.

R. v. Antrobus, (1835) 6 C. & P. 784; 172 E. R. 1462.
R. v. Attard, (1958) 43 Cr. App. R. 90.
R. v. Austin, (1912) 8 Cr. App. R. 27.
R. v. Baker, (1837) 2 M. & Rob. 53; 174 E. R. 211.
R. v. Barker, (1941) 28 Cr. App. R. 52.
R. v. Bass, (1953) 37 Cr. App. R. 51.
R. v. Bate and Others, (1871) 11 Cox C. C. 686.
R. v. Bedfordshire (The Inhabitants), (1855) 6 Cox C. C. 505; 4 E. & B. 535; 119 E. R. 196.
R. v. Bedingfield, (1879) 14 Cox C. C. 341.
R. v. Bernadotti, (1869) 11 Cox C. C. 316.
R. v. Berriman, (1854) 6 Cox C. C. 388.
R. v. Birmingham Overseers, (1861) 1 B. & S. 763; 121 E. R. 897.
R. v. Blackburn and Others, (1853) 6 Cox C. C. 333.
R. v. Blake and Tye, (1844) 6 Q. B. 126; 115 E. R. 49.
R. v. Bliss, (1837) 7 Ad. & E. 550; 112 E. R. 577.
R. v. Buckley, (1873) 13 Cox C. C. 293.
R. v. Buggy, (1961) 45 Cr. App. R. 298.
R. v. Camelleri, (1922) 27 Cox C. C. 246; 16 Cr. App. R. 162.
R. v. Campbell, (1912) 8 Cr. App. R. 75.
R. v. Charavanmuttu, (1930) 22 Cr. App. R. 1.
R. v. Cleary, (1862) 2 F. & F. 850; 175 E. R. 1316.
R. v. Clewer, (1953) 37 Cr. App. R. 37.
R. v. Coley, (1868) 10 Cox C. C. 536.
R. v. Colpus and Boormann, (1917) 25 Cox C. C. 716.
R. v. Cooper and Wicks, (1833) 5 C. & P. 535; 172 E. R. 1087.
R. v. Coulthread, (1933) 24 Cr. App. R. 44.
R. v. Croydon, (1846) 2 Cox C. C. 67.
R. v. Curnock, (1914) 24 Cox C. C. 440.

R. v. Derrington, (1826) 2 C. & P. 418; 172 E. R. 189.
R. v. Dibble, alias Corcoran, (1908) 1 Cr. App. R. 155.
R. v. Dickson, [1962] Crim. L. R. 467.
R. v. Dinmore, [1962] Crim. L. R. 627.
R. v. Doherty, (1874) 13 Cox C. C. 23.
R. v. Downer, (1880) 14 Cox C. C. 486.
R. v. Drummond, (1784) 1 Leach C. C. 337; 168 E. R. 271.
R. v. Dunn, (1831) 4 C. & P. 543; 172 E. R. 817.
R. v. Edmunds, (1833) 6 C. & P. 164; 172 E. R. 1191.
R. v. Eriswell (The Inhabitants), (1790) 3 T. R. 707; 100 E. R. 815.
R. v. Evans, (1924) 18 Cr. App. R. 123.
R. v. Exeter (The Governors and Guardians of), (1869) L. R. 4 Q. B. 341.
R. v. Fagent, (1835) 7 C. & P. 238; 173 E. R. 105.
R. v. Fennell, (1881) 14 Cox C. C. 607.
R. v. Ferry Frystone (The Inhabitants of), (1801) 2 East 54; 102 E. R. 289.
R. v. Flaherty, (1847) 2 C. & K. 782; 175 E. R. 328.
R. v. Frewin, (1855) 6 Cox C. C. 530.
R. v. Gibbons, (1823) 1 C. & P. 97; 171 E. R. 1117.
R. v. Gilham, (1828) 1 Mood. C. C. 186; 168 E. R. 1235.
R. v. Gillis, (1866) 11 Cox C. C. 69.
R. v. Gloster, (1888) 16 Cox C. C. 471.
R. v. Godinho, (1911) 7 Cr. App. R. 12.
R. v. Gordon and Spencer, (1958) 42 Cr. App. R. 177.
R. v. Gray, (1911) 6 Cr. App. R. 242.
R. v. Gunewardene, (1951) 35 Cr. App. R. 80.
R. v. Hardwick, (1811) 1 C. & P. 98 n.; 171 E. R. 1118.
R. v. Higgins, (1829) 3 C. & P. 603; 172 E. R. 565.
R. v. Hind, (1860) 8 Cox C. C. 300.
R. v. Hubbard, (1881) 14 Cox C. C. 565.
R. v. Hunt and Others, (1820) 3 B. & Ald. 566; 106 E. R. 768.
R. v. Jenkins, (1822) Russ. & Ry. 492; 168 E. R. 914.
R. v. Jenkins, (1869) 11 Cox C. C. 250.
R. v. Jones, (1809) Russ. & Ry. 152; 168 E. R. 733.
R. v. Jones, (1827) 2 C. & P. 629; 172 E. R. 285.
R. v. Joyce, (1957) 42 Cr. App. R. 19.
R. v. Kiddle, (1898) 19 Cox C. C. 77.
R. v. Kingston, (1830) 4 C. & P. 387; 172 E. R. 752.
R. v. Knight and Thayre, (1905) 20 Cox C. C. 711.
R. v. Knight and Thompson, (1946) 31 Cr. App. R. 52.
R. v. Laugher, (1846) 2 C. & K. 225; 175 E. R. 93.
R. v. Leatham, (1861) 8 Cox C. C. 498.
R. v. Leckey, (1943) 29 Cr. App. R. 128.
R. v. Lee, (1911) 7 Cr. App. R. 31.
R. v. Lillyman, (1896) 18 Cox C. C. 346.
R. v. Lloyd, (1834) 6 C. & P. 393; 172 E. R. 1291.
R. v. Lloyd and Others, (1830) 4 C. & P. 233; 172 E. R. 684.
R. v. Luckhurst, (1853) 6 Cox C. C. 243.
R. v. Mallory, (1884) 15 Cox C. C. 456.
R. v. Mansfield, (1881) 14 Cox C. C. 639.
R. v. Martin, (1809) 2 Camp. 100; 170 E. R. 1094.

R. v. Thomson, (1912) 23 Cox C. C. 187.
R. v. Tune, (1944) 29 Cr. App. R. 162.
R. v. Upchurch, (1836) 1 Mood. C. C. 465; 168 E. R. 1346.
R. v. Voisin, (1918) 26 Cox C. C. 224.
R. v. Wainright, (1875) 13 Cox C. C. 171.
R. v. Walker, (1844) 1 Cox C. C. 99.
R. v. Wallwork, (1958) 42 Cr. App. R. 153.
R. v. Warringham, (1851) 2 Den. 447 n.; 169 E. R. 575.
R. v. Watt, (1905) 20 Cox C. C. 852.
R. v. Whitehead, (1928) 21 Cr. App. R. 23.
R. v. Whitworth, (1858) 1 F. & F. 382; 175 E. R. 773.
R. v. Wilkins, (1849) 4 Cox C. C. 92.
R. v. Willis, (1959) 44 Cr. App. R. 32.
R. v. Wilson, (1862) 3 F. & F. 119; 176 E. R. 53.
R. v. Wilson and Marshall-Graham, (1967) 51 Cr. App. R. 194; [1967] 2 W. L. R. 1094; [1967] Crim. L. R. 237.
R. v. Wood, (1877) 14 Cox C. C. 46.
R. v. Woodcock, (1789) 1 Leach C. C. 500; 168 E. R. 352.
R. v. Woodward, (1838) 8 C. & P. 561; 173 E. R. 618.
R. v. Worth (The Inhabitants of), (1843) 4 Q. B. 132; 114 E. R. 847.
Republica de Guatemala v. Nunez, (1926) 42 T. L. R. 625.
Rolfe v. Hampden, (1541) 1 Dyer 53 b; 73 E. R. 117.

Samson v. Yardley and Tottill, (1679) 2 Keb. 223; 84 E. R. 140.
Simon v. Simon and Others, [1936] P. 17.
Smith v. Blakey, (1867) L. R. 2 Q. B. 326.
Sparks v. R., [1964] Crim. L. R. 298.
Stainer v. Burgesses of Droitwich, (1692) 1 Salk. 281; 91 E. R. 247.
Stapylton v. Clough, (1853) 2 E. & B. 933; 118 E. R. 1016.
Stobart v. Dryden, (1836) 1 M. & W. 615; 150 E. R. 581.
Stransham v. Cullington, (1590) Cro. Eliz. 228; 78 E. R. 484.
Sturla v. Freccia, (1880) 5 A. C. 623.
Subramaniam v. Public Prosecutor, [1956] 1 W. L. R. 965.
Sugden v. Lord St. Leonhards, (1876) 1 P. D. 154.
Sussex Peerage, The, (1844) XI Cl. & F. 85; 8 E. R. 1034.

Taylor v. Witham, (1876) 3 Ch. D. 605.
Teper v. R., [1952] A. C. 480.
Thomas's Case, (1553) 1 Dyer 99 b; 73 E. R. 218.
Thomas v. Jenkins, (1837) 6 A. & E. 525; 112 E. R. 201.
Thompson and Ux' v. Trevanion, (1693) Skin. 402; 90 E. R. 179.
Thrasyvoulos Iannou v. Papa Christoforos Demetriou, [1952] A. C. 84.
Trimlestown v. Kemmis, (1842/43) IX Cl. & F. 749; 8 E. R. 601.
Tucker v. Oldbury U. D. C., [1912] 2 K. B. 317.

Walker v. Wingfield, (1812) 18 Ves. Jun. 443; 34 E. R. 384.
Ward v. Pitt & Co., [1913] 2 K. B. 130.
Waugh v. R., [1950] A. C. 203.
Wiedemann v. Walpole, [1891] 2 Q. B. 534.
Williams v. Innes, (1808) 1 Camp. 364; 170 E. R. 987.
Wright v. Doe d. Tatham, (1837) 7 A. & E. 313; 112 E. R. 488 (Exchequer Chamber); sub. nom.: Wright v. Tatham, (1838) V Cl. & F. 670; 7 E. R. 559 (House of Lords).

## ABKÜRZUNGSVERZEICHNIS

| | |
|---|---|
| A. & E. | Adolphus & Ellis's Reports |
| a. a. O. | am zuletzt angegebenen Ort |
| A. C. | Law Reports (2nd series), Appeal Cases |
| A. C. | [Jahr] Law Reports (3rd series), Appeal Cases |
| Abhn. | Abhandlungen |
| Ad. & E. | Adolphus & Ellis's Reports |
| All E. R. | [Jahr] All England Law Reports |
| B. | Baron (Titel) |
| B. & Ad. | Barnewall & Adolphus's Reports |
| B. & Ald. | Barnewall & Alderson's Reports |
| B. & C. | Barnewall & Cresswell's Reports |
| B. & S. | Best & Smith's Reports |
| Bd. | Band |
| BGH | Bundesgerichtshof |
| BGHSt | Entscheidungen des Bundesgerichtshofs in Strafsachen |
| Bing. | Bingham's Reports |
| Bing. (N. C.) | Bingham's New Cases |
| BVerfGer. | Bundesverfassungsgericht |
| c. | chapter |
| C. & K. | Carrington & Kirwan's Reports, Nisi Prius |
| C. & P. | Carrington & Payne's Reports |
| C. B. | Chief Baron |
| C. B. | Common Bench Reports (Manning, Granger & Scott) |
| C. C. A. | Court of Criminal Appeal |
| C. J. | Chief Justice |
| C. M. & R. | Crompton, Meeson and Roscoe's Reports |
| Camp. | Campbell's Reports, Nisi Prius |
| Ch. | [Jahr] Law Reports (3rd series), Chancery Division |
| Ch. D. | Law Reports (2nd series), Chancery Div. |
| Cl. & F. | Clark & Finnelly's Reports (H. L.) |
| Cox C. C. | Cox's Criminal Cases |
| Cr. App. R. | Criminal Appeal Reports |
| Crim. | Criminal |
| Crim. L. R. | [Jahr] Criminal Law Review |
| Cro. Eliz. | Croke's King's Bench Reports, temp. Elizabeth 1 |

| | |
|---|---|
| D. P. P. | Director of Public Prosecutions |
| DRiZ | Deutsche Richterzeitung |
| Den. | Denison's Crown Cases |
| ders. | derselbe |
| Diss. | Dissertation |
| Dyer | Dyer's King's Bench Reports |
| E. & B. | Ellis & Blackburn's (Queen's Bench) Reports |
| E. R. | English Reports Reprint |
| East | East's Term Reports |
| East P. C. | East, Treatise of the Pleas of the Crown |
| ed. | edition |
| Eliz. | Elizabeth |
| Esp. | Espinasse's Reports |
| Evid. | Evidence |
| Ex. | Exchequer Reports (Welsby, Hurlstone & Gordon) |
| F. & F. | Foster & Finlason's (Nisi Prius) Reports |
| GG | Grundgesetz für die Bundesrepublik Deutschland v. 23. Mai 1949 |
| Geo. | George |
| GoltdA | Goltdammer's Archiv für Strafrecht |
| H. L. | House of Lords |
| H. L. R. | Harvard Law Review |
| Hen. | Henry |
| hrsg. | herausgegeben |
| i. d. F. | in der Fassung |
| i. V. | in Verbindung |
| J. | Justice (Titel) |
| JR | Juristische Rundschau |
| JuS | Juristische Schulung, Zeitschrift für Studium und Ausbildung |
| JZ | Juristen-Zeitung |
| K. B. | [Jahr] Law Reports (3rd series), King's Bench |
| Keb. | Keble's King's Bench Reports |
| L. J. | Lord Justice |
| L. R. Q. B. | Law Reports (1st series), Queen's Bench |
| L. T. | Law Times Reports |
| LZ | Leipziger Zeitschrift für Deutsches Recht |
| Leach C. C. | Leach's Crown Cases |
| M. & M. | Moody & Malkin's Reports |
| M. & Rob. | Moody & Robinson's (Nisi Prius) Reports |
| M. & S. | Maule & Selwyn's King's Bench Reports |
| M. & W. | Meeson & Welsby's Exchequer Reports |
| Mod. | Modern Reports |
| Mood C. C. | Moody's Crown Cases (Reserved) |
| n. | note (Anmerkung) |
| NJW | Neue Juristische Wochenschrift |

| | |
|---|---|
| OGHSt | Entscheidungen des Obersten Gerichtshofes für die Britische Zone in Strafsachen |
| o. J. | ohne Angabe des Erscheinungsjahres |
| o. O. | ohne Angabe des Erscheinungsortes |
| o. V. | ohne Angabe des Verfassers |
| P. | [Jahr] Law Reports (3rd series), Probate, Divorce and Admirality Division |
| P. D. | Law Reports (2nd series), Probate Div. |
| Peake | Peake's Reports |
| Q. B. | Queen's Bench Reports (Adolphus & Ellis, New series) |
| Q. B. | [Jahr] Law Reports (3rd series), Queen's Bench |
| R. | Rex oder Regina; King oder Queen |
| RdNr. | Rand-Nummer |
| RGSt | Entscheidungen des Reichsgerichts in Strafsachen |
| Rspr. | Rechtsprechung |
| Russ. & Ry. | Russell & Ryan's Crown Cases Reserved |
| s. | section |
| Salk. | Salkeld's King's Bench Reports |
| sc. | scilicet (nämlich) |
| Sch. | Schedule |
| Skin. | Skinner's King's Bench Reports |
| StPO | Strafprozeßordnung von 1877 |
| Style | Style's King's Bench Reports |
| T. L. R. | Times Law Reports |
| T. R. | Term Reports (Durnford & East) |
| U. D. C. | Urban District Council |
| v. | versus (gegen) |
| Vaughan | Vaughan's Common Pleas Reports |
| Vern. | Vernon's Chancery Reports |
| Ves. Jun. | Vesey Junior's Reports |
| Ves. Sen. | Vesey Senior's Reports |
| Vol. | Volume |
| W. L. R. | [Jahr] Weekly Law Reports |
| Y. B. | Year Book |

# EINLEITUNG

> "... the first and most important thing for the administration of the criminal law is that it should appear that the prisoner is having a fair trial, and that he should not be left with any sense of injustice on the ground that his case has not been fairly put before the jury."
>
> Lord Chief Justice *Goddard*[1]

Diese Forderung, einem Beschuldigten[2] ein absolut faires Verfahren zu machen, ist in der neueren englischen Strafrechtspflege nicht nur eine mehr oder weniger theoretische, vielmehr kennzeichnet gerade ihre strenge Beachtung heute weitgehend das gesamte englische Strafverfahrensrecht.[3] Dies ist ein Ergebnis der Entwicklung, die das Strafprozeßrecht in England vor allem seit dem Ende des 17. Jahrhunderts genommen hat, und zwar insoweit in bewußter Abkehr von dem bis dahin herrschenden Rechtszustand, wonach einem strafrechtlich Verfolgten vielfach nur eine denkbar ungünstige Rechtsposition in dem Strafverfahren gewährt worden war.[4]

Die Wende zum heutigen Strafprozeß trat ausgangs des 17. Jahrhunderts nach dem Sturz Jakobs II. ein. Seitdem hat die Forderung nach einem „fair trial" ihren Ausdruck in zahlreichen geschriebenen

---

[1] Aus dem judgment des C. C. A. in dem Fall R. v. Clewer, (1953) 37 Cr. App. R. 37 (40).

[2] „Beschuldigter" ist hier und auch in den weiteren Ausführungen im weitesten Sinne und nicht nur in dem des § 157 StPO zu verstehen.

[3] Sie führte in der oben genannten Entscheidung dazu, daß der C. C. A. die Verurteilung des Angeklagten trotz ausreichender Schuldbeweise aufhob, weil der Verteidiger mehrfach während der von ihm durchgeführten Vernehmungen und während seines Schlußvortrags von dem erstinstanzlichen Richter unterbrochen worden war und somit „the defence had not had a fair opportunity". (a. a. O., S. 42).

Vgl. hierzu auch *Simon* in der Entscheidung des House of Lords Harris v. D. P. P., (1952) 36 Cr. App. R. 39 (54 f.).

[4] "Criminal justice was originally a rude substitute for, or limitation upon, private war, the question of guilt or innocence, so far as it was entertained at all, being decided by the power of the suspected person to produce compurgators or by his good fortune in facing an ordeal." (*Stephen*, H. C. L., Vol. I, S. 425.) Siehe hierzu auch *Williams*, Proof of Guilt, S. 4 ff.; *Mittermaier*, Strafverfahren, S. 3 f. und 7 f.

und ungeschriebenen rules[5] gefunden, die in ihrer Gesamtheit erkennen lassen, daß nach dem neueren englischen Strafverfahrensrecht die Interessen des einzelnen, d. h. der einer Straftat verdächtigen, aber noch nicht überführten Person, grundsätzlich für schutzwürdiger angesehen werden als die der Allgemeinheit an einer möglichst umfassenden Verfolgung und Ahndung aller strafbaren Handlungen. Zu den auf den Schutz des Beschuldigten abzielenden Regeln zählt die Hearsay Rule in ihrer Ausgestaltung, wie sie sie im Laufe des 18. und vor allem des 19. Jahrhunderts erfahren hat.[6] Verallgemeinernd ausgedrückt ist es nach ihr grundsätzlich unzulässig, bei der Findung des Wahrspruchs (verdict) eine auf bloßem „Hörensagen" beruhende Bekundung über eine Beweistatsache, also eine Bekundung über eine nicht selbst unmittelbar wahrgenommene Tatsache, als Beweis für die Richtigkeit der Bekundung zu berücksichtigen. Damit stellt sie — zusammen mit den möglichen Ausnahmen — eine Vorschrift für die Beweisaufnahme dar und ist als solche insofern von besonderer Bedeutung, als die Beweisaufnahme letztlich den Kern eines jeden Strafverfahrens in einem Rechtsstaat bildet.

Wie in England ist auch in Deutschland im Laufe der Entwicklung des neueren Strafverfahrensrechts die Frage der Achtung und damit des Schutzes der menschlichen Würde und Persönlichkeit immer mehr in den Mittelpunkt der Auseinandersetzungen gestellt[7] und auch hier schließlich im Vergleich zu dem bis dahin herrschenden Rechtszustand zum Vorteil des strafrechtlich Verfolgten entschieden worden[8]. Den-

---

[5] Es handelt sich hierbei sowohl um rules des statute und des common law als auch um einfache „rules of practice", die nicht „the force of law" haben (z. B. die Judges' Rules, die „administrative directions" an die Polizeiorgane darstellen — R. v. Voisin, (1918) 26 Cox C. C. 224 (230); R. v. Bass, (1953) 37 Cr. App. R. 51 (56)).

[6] *Baker,* Hearsay Rule, S. 10 ff. Die geschichtliche Entwicklung der Hearsay Rule im einzelnen wird an späterer Stelle der Arbeit dargelegt.

[7] Man denke an die im 18./19. Jahrhundert immer nachdrücklicher gewordenen liberalen Reformbewegungen, die von den Ideen der Aufklärung beeinflußt waren und durch die Geltung sowie spätere Weitergeltung des aus der Revolution hervorgegangenen französischen Rechts in den rheinischen Gebieten immer wieder belebt wurden.

[8] Wenn auch die Rezeptionsgesetze des 16. Jahrhunderts, die in den in Deutschland zwar bereits verbreiteten, aber noch von größter Willkür beherrschten Inquisitionsprozeß „Ordnung hineintragen und ihn zu einem wirklichen Rechtsverfahren machen" sollten, infolge der späteren Lockerung und Beseitigung der „als Schutzmittel gedachten Prozeßformalien" (*Eb. Schmidt,* Strafrechtspflege, S. 123 u. 208) den erstrebten Schutz des Beschuldigten noch nicht gewährleisteten, so erfuhr dessen Stellung im Verfahren doch in der Mitte des 19. Jahrhunderts eine wirkliche und grundlegende Verbesserung mit der Ablösung des Inquisitionsprozesses durch den Akkusationsprozeß; denn sie brachte u. a. dem Beschuldigten die Anerkennung als „Subjekt" des Prozesses.

noch ist für den deutschen Strafprozeß ein der englischen Hearsay Rule entsprechendes grundsätzliches Verbot des Beweises vom Hörensagen bis heute nicht aufgestellt worden, obwohl im Schrifttum oftmals die Forderung nach einem solchen zumindest für einen bestimmten Bereich, nämlich für den des Zeugen vom Hörensagen, erhoben worden ist.

Unabhängig von der Bedeutung, die dem Beweis vom Hörensagen im deutschen Strafverfahrensrecht zukommt, spielt „Hörensagen" ganz allgemein im Bereich des täglichen Lebens, aber auch im Rechtsverkehr eine wichtige Rolle: Legt der Mensch seinem Verhalten doch vielfach — wenn nicht sogar überwiegend — Tatsachen zugrunde, die er nicht selbst unmittelbar mit einem seiner Sinne wahrgenommen hat, sondern die ihm „nur" vom Hörensagen bekannt geworden sind. So kennt beispielsweise kein Mensch sein eigenes Geburtsdatum etwa auf Grund der eigenen unmittelbaren Wahrnehmung seiner Geburt; ihm ist vielmehr dieses Datum tatsächlich immer nur vom Hörensagen bekannt. Auch das Geburtenbuch bzw. die Geburtsurkunde, die beide im Rechtsverkehr in Deutschland ein Beweismittel für die Geburt sowie die darüber gemachten näheren Angaben bilden[9], stellen insoweit grundsätzlich nur einen Beweis vom Hörensagen dar, da der die Geburt beurkundende Standesbeamte in der Regel bei derselben nicht anwesend war, sie also nicht selbst unmittelbar wahrgenommen hat.

So könnten zahllose weitere Beispiele dafür angeführt werden, in welch erstaunlichem Ausmaß der Mensch sein Verhalten und auch von ihm zu treffende Entscheidungen ohne jedes Zögern und ohne besondere Bedenken auf Tatsachen gründet, die ihm nur vom Hörensagen bekannt sind, ja, daß für fast alle Bereiche des täglichen Lebens eine der Hauptquellen für die Kenntnis von Tatsachen die des Hörensagens ist. Im Rahmen der vorliegenden Arbeit mögen jedoch die angeführten Beispiele als Hinweise auf diese allgemeine Verbreitung des Hörensagens genügen, da insoweit seine Behandlung nach deutschem Recht praktisch keine sonderlichen Probleme aufweist.

Das letztere läßt sich jedoch für das Gebiet des deutschen Strafverfahrensrechts nicht so ohne weiteres sagen: Hier steht Hörensagen in Gestalt des Beweises vom Hörensagen bereits seit Jahrzehnten im Mittelpunkt immer wieder neu auflebender Diskussionen. Auch in nächster Zukunft ist nicht zu erwarten, daß in der Rechtslehre eine völlige Einigkeit über die rechtliche Behandlung insbesondere des Beweismittels des „Zeugen vom Hörensagen" erzielt wird. Gegenstand dieser Auseinandersetzungen im Schrifttum bildete und bildet fast ausschließlich die Tatsache, daß sich die zuständigen Ermittlungsorgane häufig bei ihren Nachforschungen in Steuer- und Zollstrafsachen und vor allem in Staatsschutzsachen sogenannter „Gewährs-

---

[9] §§ 2 Abs. 2 sowie 60, 62, 66 des Personenstandsgesetzes i. d. F. vom 8. Aug. 1957.

männer" oder „V-Leute" bedienen und daß dann in der Hauptverhandlung nicht diese selbst — oder zumindest nicht sie nur allein — vom Gericht als Zeugen über die von ihnen unmittelbar wahrgenommenen Beweistatsachen gehört werden, sondern daß Dritte, meistens die Vernehmungsbeamten, darüber aussagen dürfen, was ihnen von den „Gewährsmännern" bzw. „V-Leuten" berichtet worden ist.

Das Reichsgericht hatte nämlich in dieser Hinsicht schon kurze Zeit nach dem Inkrafttreten der Reichsstrafprozeßordnung von 1877 und danach in ständiger Rechtsprechung[10] entschieden, daß in der Beweisaufnahme die Vernehmung einer Person über Beweistatsachen, von denen sie nur vom Hörensagen Kenntnis habe, zulässig sei, und zwar unabhängig davon, ob die Person, die die Beweistatsache selbst unmittelbar wahrgenommen habe, ebenfalls aussage oder nicht oder ob sie unter Umständen dem Gericht sogar völlig unbekannt bleibe. Dem hat sich nach dem 2. Weltkrieg der Bundesgerichtshof[11] insoweit von Anfang an ohne Zögern angeschlossen und ebenfalls in ständiger Rechtsprechung[12] die Vernehmung eines solchen Zeugen vom Hörensagen für „grundsätzlich unbeschränkt zulässig" erklärt.

Ob und inwieweit der Bundesgerichtshof allerdings die Frage der Zulässigkeit dieses Beweismittels dann anders beurteilt, wenn der Person, deren Bekundungen der Zeuge vom Hörensagen in der Hauptverhandlung wiedergeben soll, bezüglich dieser Bekundungen ein Aussageverweigerungsrecht zusteht und wenn sie unter Berufung auf dasselbe schließlich die Aussage verweigert[13], soll hier einmal außer Betracht bleiben; ebenso soll im Rahmen dieser Ausführungen unerörtert bleiben, inwieweit die genannte bundesgerichtliche Rechtsprechung[14] ausschließlich den Zeugenbeweis betrifft, nicht dagegen auch den Beweis durch einen Sachverständigen, wenn es sich um sogenannte Befundtatsachen handelt[15] oder wenn der Sachverständige z. B. seinem Gutachten Bekundungen zugrunde gelegt hat, die ihm von einem Nichtsachverständigen gemacht worden sind, ohne daß dieser Nichtsachverständige in der Beweisaufnahme als Zeuge gehört

---

[10] Vgl. RGSt 2, 160; 7, 74; 44, 291; 48, 246 sowie die von *Hüfner* in LZ 1929, 745, 750 ff. mitgeteilten Entscheidungsgründe im Fall Bullerjahn.

[11] Eine Entscheidung des Obersten Gerichtshofs für die Britische Zone — OGHSt 1, 133 (134 f.) — aus dem Jahre 1948, die die Zulässigkeit des Zeugen vom Hörensagen einschränkte, ist vereinzelt geblieben; sie gestattete seine Vernehmung in der Hauptverhandlung nur dann und nur neben der Vernehmung der Person, die die Beweistatsache selbst unmittelbar wahrgenommen hat, wenn diese Person für das Gericht nicht unerreichbar ist.

[12] BGHSt 1, 373; 2, 99; 6, 209; 11, 338; 13, 394; 17, 382 sowie BGH in MDR 1954, 400.

[13] Vgl. hierzu vor allem BGHSt 2, 99; 11, 338 und 13, 394.

[14] Anm. 12.

[15] Hierzu neuestens BGHSt 20, 164.

wird.[16] Denn die in dem Zusammenhang auftretende Problematik geht bereits über die eigentliche, die hier vor allem angedeutet werden soll, hinaus, nämlich ob gegen die Zulässigkeit der Vernehmung eines Zeugen vom Hörensagen nach deutschem Strafverfahrensrecht wirklich keine rechtlichen Bedenken bestehen, wie der Bundesgerichtshof im Anschluß an die Rechtsprechung des Reichsgerichts meint, und zwar selbst dann nicht, wenn der „unmittelbare" Zeuge nicht persönlich aussagt oder gar dem Gericht völlig unbekannt bleibt.[17]

Das Bundesverfassungsgericht, dem nach einer Mitteilung *Tiedemanns*[18] diese Zweifelsfragen im Rahmen einer Verfassungsbeschwerde gegen ein Urteil des Bundesgerichtshofs[19] zur Entscheidung vorgelegt worden waren, hat, soweit ersichtlich, bisher noch nichts zu einer endgültigen Klärung beigetragen. Es hat jene Beschwerde als offensichtlich unbegründet verworfen und dabei hinsichtlich des genannten Problems nur ausgeführt, „es könne dahingestellt bleiben, ob die Verwertung der Aussage eines Zeugen über die Vernehmung einer anonymen Gewährsperson generell oder im Einzelfall mit Art. 103 I GG vereinbar sei".[20] Eine gegenteilige Entscheidung über eine entsprechende Verfassungsbeschwerde gegen ein Urteil des Bundesgerichtshofs aus dem Jahre 1965[21] ist bisher nicht bekannt geworden.

Die Lehre vertritt im neueren Schrifttum überwiegend dieselbe Ansicht wie der Bundesgerichtshof, nämlich daß die Vernehmung eines Zeugen vom Hörensagen in der Hauptverhandlung grundsätzlich unbeschränkt zulässig sei.[22] Kann man diese Ansicht heute als die wohl herrschende bezeichnen, so fehlt es andererseits jedoch auch nicht, wie bereits gesagt[23], an warnenden Stimmen[24] und zahlreichen, immer

---

[16] Vgl. z. B. BGHSt 9, 292 und *Eb. Schmidt*, Lehrk., Teil II, § 250, RdNr. 3.

[17] Eine ganz andere Frage ist natürlich, welcher Wert der Aussage beizumessen ist.

[18] JuS 1965, 14 (15), u. MDR 1965, 871 (872).

[19] BGHSt 17, 382.

[20] *Tiedemann* in MDR 1965, 871 (872): Unveröffentlichter Beschluß des BVerfGer. vom 28. 1. 1964 (2 BvR 638/62).

[21] BGHSt 20, 164.

[22] *Löwe-Rosenberg-Geier*, § 250, Anm. 3; *Müller-Sax* (KMR), § 250, Anm. 2 a und b; *Schwarz-Kleinknecht*, § 250, Anm. 1 B u. C; *Eb. Schmidt*, Lehrk., Teil I, RdNr. 452 mit Anm. 248; Teil II, § 250, RdNr. 3; ders. in JZ 1962, 761 ff. (zustimm. Anmerkung zu BGHSt 17, 382); *Sarstedt*, Revision in Strafsachen, S. 192; auf dem 46. Dtsch. Juristentag vertrat *Sarstedt* allerdings die Ansicht, daß in Staatsschutzsachen eingesetzte V-Leute im Strafverfahren nicht anonym bleiben dürften (NJW 1966, 2049, 2051); *Tiedemann* in MDR 1963, 456 ff., 1965, 870 ff., und JuS 1965, 14 ff.; *Schulz* in GoltdA 1958, 264 ff.; *Willms* in DRiZ 1964, 234; Nachweise des älteren Schrifttums bei *Schaefer*, Strafr. Abhandlungen, Heft 320, S. 1 ff.

[23] Vgl. oben, S. 3.

[24] Z. B. *Kohlhaas* in JR 1957, 41 ff.

wieder vorgebrachten Gegenmeinungen, die die Vernehmung eines Zeugen vom Hörensagen zumindest dann für unzulässig halten, wenn die Person, die die Beweistatsache selbst unmittelbar wahrgenommen hat, für das Gericht — aus welchen Gründen auch immer — anonym bleibt.[25]

Sieht man einmal von dem Für und Wider der von beiden Seiten im einzelnen zur Begründung ihrer Meinung vorgebrachten Argumente ab, so fällt auf, daß sowohl Vertreter der die Zulässigkeit des Zeugen vom Hörensagen grundsätzlich unbeschränkt bejahenden Ansicht als auch (und vor allem) deren Gegner in ihren Ausführungen häufig auf die Stellung des anglo-amerikanischen Rechts zu diesen Fragen hinweisen.

Führt *Arndt*[26] in einem seiner Aufsätze zur Begründung seiner ablehnenden Meinung unter anderem noch an, daß „das angelsächsische Richterrecht Bedenken trüge, das mittelbare Zeugnis zuzulassen, weil der Richter sich kein verantwortliches Urteil über den Beweiswert einer Person bilden könne, die als Beweisquelle ihr Zeugnis nicht vor ihm ablege", und betont er dann, daß aber seine „Betrachtung nicht einem Nachahmen angelsächsischer Regeln das Wort reden wolle", so verweist *Meilicke*[27] — wie viele — in einer Anmerkung zu seinen Ausführungen nur einfach auf „die anglo-amerikanische Praxis, wonach grundsätzlich Zeugen vom Hörensagen nicht zugelassen" würden, ohne daß er im übrigen dann näher darauf eingeht. *Tiedemann*[28] beschäftigt sich zu dieser Frage mit dem englischen Strafverfahrensrecht zwar auf etwas breiterem Raum; im Ergebnis stellt aber auch er bloß ohne nähere Begründung fest, daß „im englischen Strafprozeß in der Tat die Regel herrsche, daß der Beweis vom Hörensagen ausgeschlossen sei, daß aber diese Regel von zahlreichen Ausnahmen durchlöchert sei und von einer fast unübersehbaren Kasuistik oft mehr oder weniger willkürlich und formalistisch behandelt werde."[29]

---

[25] *Peters*, Tübinger Rechtswiss. Abhn., Bd. 9, S. 197 f.; ders., Strafprozeß, 2. Aufl., S. 267 (in der 1. Aufl. vertrat er noch den entgegengesetzten Standpunkt); vgl. dens. auch in: Beweisverbote im deutschen Strafverfahren, Verhandlungen des 46. Dtsch. Juristentages, Bd. I, Teil 3 A, S. 108; *Arndt* in NJW 1962, 1192 (1193), u. 1963, 432 (433); *Meilicke* in NJW 1963, 425; *Spendel* in JuS 1964, 463 (473); ferner auch *Klug*, Beweisverbote im Strafprozeß, Verhandlungen des 46. Dtsch. Juristentages, Bd. II, S. 57 ff.

[26] NJW 1962, 1192 (1193).

[27] NJW 1963, 425 (428 — Anm. 11). Ebenso z. B. *Sarstedt*, Beweisverbote, Verhandlungen des 46. Dt. Juristentages, Bd. II, S. 17 f.

[28] MDR 1963, 456 (458), u. JuS 1965, 14 (20).

[29] *Tiedemann* in JuS 1965, 14 (20).

Auch in der Begründung der bereits erwähnten Verfassungsbeschwerde[30] ist auf das angelsächsische Recht hingewiesen worden. Der Darstellung *Tiedemanns* zufolge wurde sie unter anderem darauf gestützt, daß „das im angelsächsischen Recht geltende Verbot der Verwertung von Bekundungen mittelbarer Zeugen dem rechtlichen Gehör auch nach deutschem Verfassungsrecht immanent sei, da bei der Formulierung des Grundgesetzes die Rechts- und Verfassungsgrundsätze des angelsächsischen Rechtskreises besonders berücksichtigt worden seien".[31]

Bemerkungen über und Hinweise auf das anglo-amerikanische Recht, die dem Sinn nach mit den angeführten Beispielen entweder vollkommen übereinstimmen oder ihnen doch wenigstens sehr ähnlich sind, hat der Verfasser auch in zahlreichen sowohl mit Juristen als auch mit Nichtjuristen geführten Gesprächen zu hören bekommen, sobald die Rede auf die Behandlung des Beweises vom Hörensagen im allgemeinen bzw. auf die des Zeugen vom Hörensagen im besonderen nach deutschem Strafverfahrensrecht kam.

Insgesamt gesehen zeigt die Art und Weise, in der das angelsächsische Recht im Zusammenhang mit den Fragen der Zulässigkeit des Zeugen vom Hörensagen meistens angeführt oder angedeutet wird, daß im Bewußtsein der Mehrzahl der sich für dieses Teilgebiet des deutschen Strafprozeßrechts überhaupt interessierenden Menschen anscheinend die Vorstellung herrscht, für jenen Rechtskreis werfe diese Beweisart gar nicht erst die genannten Zweifelsfragen auf, weil sie eben grundsätzlich ausgeschlossen sei. Darüber hinaus zeigt sie demjenigen, der sich mit der Stellung des anglo-amerikanischen Rechts zu der Problematik etwas näher befaßt, daß jedoch das tatsächliche Wissen um dieses immer wieder zum Vergleich herangezogene fremde Rechtsgebiet oft nur ein sehr unbestimmtes zu sein scheint.

Damit wird erkennbar, wie fragwürdig und bedenklich es sein kann, in zu allgemeiner Form vergleichend auf fremdes Recht hinzuweisen. Treffen die beispielhaft angeführten Hinweise auf das angelsächsische Recht dem Worte nach zwar zu — die Hearsay Rule verbietet den Beweis vom Hörensagen „grundsätzlich" —, so bergen sie doch, in dieser Allgemeinheit vorgebracht, eine erhebliche Gefahr in sich: Sie sind geeignet, dem Leser ein unter Umständen stark verzerrtes Bild von der wahren Stellung des angelsächsischen Rechts zu dem Problemkreis zu vermitteln und in ihm ohne wirklich eigene Meinungsbildung das Gefühl aufkommen zu lassen, daß es im Interesse der Lösung der im deutschen Recht offenen Zweifelsfragen eigentlich doch nur vorteilhaft sein müßte, die Grundsätze jenen fremden Rechts heranzuziehen, also entsprechend denselben auch für

---

[30] Es handelt sich um die gegen das Urteil des Bundesgerichtshofs vom 1. 8. 1962 — BGHSt 17, 382 — eingelegte Beschwerde; vgl. oben, S. 5.

[31] *Tiedemann*, a. a. O., S. 15.

den deutschen Strafprozeß den Beweis durch Zeugen vom Hörensagen für grundsätzlich unzulässig zu erklären.[32]

Zwar liegt es bei der Suche nach Lösungsmöglichkeiten für das Problem nahe, fremde Rechtseinrichtungen zu übernehmen. In diesem Zusammenhang erhebt sich jedoch dann zwangsläufig die wesentliche Frage, ob sich die betreffenden angelsächsischen Rechtssätze überhaupt in unser Rechtsdenken, in unser Rechtssystem, das sich auf strafverfahrensrechtlichem Gebiet gerade im Grundsätzlichen so sehr von dem des anglo-amerikanischen unterscheidet, so fugenlos eingliedern ließen, daß sie keinen Fremdkörper im deutschen Recht darstellten. Nur wenn dies bejaht werden kann, könnte die Übernahme fremdrechtlicher Sätze oder die Nutzbarmachung der in dieser Hinsicht in dem fremden Land gemachten Erfahrungen zu einer Lösung des Problems führen.

Keinesfalls kann eine Übernahme bejaht oder verneint werden auf Grund der Überlegung, „ob etwa der deutsche oder der englische Strafprozeß als solcher ‚besser' ist"[33]. Wie *Grünhut* richtig sagt, „würde bei einem kritischen Vergleich der Verfahrensformen verschiedener Rechtssysteme eine solche Gesamtgegenüberstellung die wirkliche Sachlage in unzulässiger Weise vereinfachen".[34] Sie würde hier der Fragestellung auch nicht gerecht werden. Gerade das Strafverfahrensrecht, in dem der staatliche Machtanspruch eine besondere Verkörperung erfährt, ist wie kaum ein anderes Rechtsgebiet von der politischen Geschichte und der Eigenart des Volkes, für das es gilt, geprägt. Dementsprechend wird es von den jeweils verschiedenartigsten Auffassungen getragen, von denen jede von ihrem Standpunkt aus ihre Berechtigung haben kann. Schon aus diesem Grund ist die Überlegung, ob diese oder jene Verfahrensform insgesamt die „bessere" sei, fast immer verfehlt.

Um die Frage nach der Möglichkeit, die fremden Rechtssätze unserem Rechtsdenken anzupassen, überhaupt beantworten zu können, muß von der Betrachtung ausgegangen werden, welche Lösung für den einer Regelung bedürftigen Problemkreis nach der fremden Rechtsordnung im einzelnen besteht. Dabei genügt es allerdings nicht, nur zu

---

[32] Gegenwärtig wird in Kreisen der zuständigen deutschen Gesetzgebungsorgane erwogen, die Vernehmung von Zeugen über Bekundungen von V-Leuten durch eine besondere Bestimmung der StPO auszuschließen — vgl. *Tiedemann* in MDR 1965, 870, 871). — Der Verfasser will hier keineswegs unterstellen, daß solche Überlegungen vor allem durch allgemein gehaltene Hinweise auf das angelsächsische Recht ausgelöst werden. Er ist jedoch überzeugt, daß gegebenenfalls in der Begründung der betreffenden Vorschrift auch der Hinweis auf die „anglo-amerikanische Praxis" zu finden sein würde. — Vgl. auch die auf dem 46. Dtsch. Juristentag gefaßten Beschlüsse — NJW 1966, 2051.

[33] *Grünhut,* Festschrift für v. Weber, S. 343.

[34] *Grünhut,* a. a. O.

wissen, *wie* die Zweifelsfragen im Ergebnis gelöst sind, vielmehr ist erforderlich das Erkennen, *weshalb* sie im Einzelfall gerade diese oder jene rechtliche Behandlung erfahren. Erst das Erkennen des „Weshalb" bedeutet das Erfassen des Geistes, auf dem die fremden Rechtseinrichtungen beruhen, und damit das Verstehen des dem anderen Volke eigentümlichen Rechtsdenkens, das ihnen zugrunde liegt. Nur das Verständnis für das andere Rechtsdenken kann gewährleisten, daß Vorschriften, deren Übernahme in Betracht kommen könnte, nicht aus einem Zusammenhang mit anderen Bestimmungen gerissen werden, was ihnen wahrscheinlich die Voraussetzungen nehmen würde, die ihren Wert und ihr Funktionieren in dem anderen Land sichern[35].

Wie wichtig das Eindringen in das fremde Rechtsdenken ist, wohin bei Nichtbeachtung desselben die Übernahme oder das Einführen fremden Rechts führen kann, das hat *Stephen* durch zwei Beispiele veranschaulicht: Im Rahmen der Einführung großer Teile des englischen Beweisrechts in Indien ist dort auch die Hearsay Rule mit ihren verschiedenen Ausnahmen eingeführt worden. Eine dieser Ausnahmen besagt, daß in Strafverfahren wegen murder oder manslaughter die Erklärungen des Getöteten, die dieser „under a sense of impending death" gegenüber Dritten noch abgegeben hat, ein zulässiges Beweismittel hinsichtlich der Umstände des Verbrechens sein können.[36] Gingen die Engländer bei der Schaffung dieser Ausnahme von der Annahme aus, daß ein Mensch angesichts seines Todes die Wahrheit spricht, so bemerkte ein Eingeborener aus Madras bezüglich dieser Ausnahme, daß ein derartiger Beweis niemals zulässig sein sollte, denn „what motive for telling the truth can any man possibly have when he is at the point of death?"[37] Im Pandschab hatte die Einführung besagter Ausnahme denn auch zur Folge, „that a person mortally wounded frequently makes a statement bringing all his hereditary enemies on to the scene at the time of his receiving his wound, thus using his last opportunity to do them an injury".[38]

Um den Geist erfassen zu können, auf dem die fremdrechtlichen Vorschriften beruhen, ist natürliche Voraussetzung die genaue Kenntnis eben dieser Vorschriften. Nur wenn man sie im einzelnen kennt, d. h. wenn man weiß, wie sie entstanden sind, welche Entwicklung sie genommen haben und in welchem Zusammenhang sie heute stehen und angewendet werden, kann man sie auch ihrem Geist nach erfassen.

Die Vorschriften, die die Zulässigkeit des Beweises vom Hörensagen für das Gebiet des englischen Strafprozesses regeln, stellen — von einigen Ausnahmen abgesehen — kein durch gesetzgeberischen

---

[35] *Mittermaier*, Strafverfahren, S. VI f.
[36] *Phipson*, Evidence, RdNr. 1051.
[37] *Stephen*, H. C. L., Vol. I, S. 449.
[38] *Stephen*, a. a. O., S. 448.

Akt geschaffenes Recht (statute law) dar; sie bilden vielmehr Bestandteil des common law, sind also ungeschriebenes Gewohnheitsrecht, das im Laufe der Jahrzehnte durch die Rechtsprechung der oberen Gerichte entwickelt bzw. fortgebildet worden ist. Macht es dieser Umstand als solcher schon für den kontinentaleuropäischen Juristen schwierig, sich einen umfassenden Überblick über die den Beweis vom Hörensagen betreffenden Bestimmungen zu verschaffen, so kommt als weiteres erheblich erschwerendes Moment noch hinzu, daß die Entscheidungen der englischen Gerichte nicht in amtlichen Entscheidungssammlungen nachgeschlagen werden können; denn solche gibt es nicht. Bis zum Jahre 1865 sind die Entscheidungen ausschließlich privat aufgezeichnet worden und daher in zahllosen, oft nur aus einem Band oder aus zwei Bänden bestehenden Sammlungen verstreut; die später ergangenen Entscheidungen sind auch nur zum Teil in den halboffiziellen Law Reports der Queen's bzw. King's Bench enthalten.

Auch das einschlägige englische Schrifttum bietet insoweit wenig Hilfe. In ihm wird meistens nur der jeweilige Stand des Rechts wiedergegeben, und zwar in der Form, daß einzelne auf diesem Gebiet ergangene Entscheidungen nach gewissen Gesichtspunkten geordnet, aber ohne jede Stellungnahme der Rechtswissenschaft angeführt werden. Die letztere vertritt nämlich in England überwiegend den Standpunkt, daß es zumindest für den Bereich des common law nicht ihre Aufgabe sei, das Recht fortzubilden, sondern daß dies durch die oberen Gerichte im Wege der Rechtsprechung zu erfolgen habe.

Im Hinblick auf diese Schwierigkeiten soll nun mit der vorliegenden Arbeit versucht werden, eine möglichst umfassende Darstellung der Hearsay Rule und ihrer Ausnahmen im englischen Strafprozeßrecht zu geben. Ihr Ziel ist weder eine rechtsvergleichende Darstellung noch eine kritische Stellungnahme des Verfassers zu diesem Rechtsinstitut; die Arbeit will vielmehr demjenigen, der sich für die rechtliche Behandlung dieses Beweismittels im englischen Recht interessiert, nur die Möglichkeit geben, sich einen Überblick über diese Rechtsmaterie zu verschaffen und die Vorschriften im einzelnen kennenzulernen.

Wenn sich die Arbeit auf die Darstellung der Hearsay Rule im *englischen* Strafprozeß beschränkt, so geschieht dies, um die Behandlung des Beweises vom Hörensagen insoweit möglichst umfassend darstellen zu können. Eine ausführliche Darstellung der Rule und ihrer Ausnahmen im gesamten anglo-amerikanischen Rechtskreis würde über den Rahmen dieser Arbeit weit hinausgehen, da schon das in Schottland geltende Strafverfahrensrecht, insbesondere aber die Verfahrensrechte der verschiedenen Commonwealth-Länder und die der Vereinigten Staaten von Amerika von dem englischen Recht zum Teil erheblich abweichende oder gar entgegengesetzte Regelungen enthalten.

Die Hearsay Rule gilt gleichermaßen für Zivilprozesse wie für Strafverfahren, so daß insoweit ohne weiteres auch zivilrechtliche

Entscheidungen herangezogen werden können. Die Beschränkung der Darstellung auf das *Straf*verfahrensrecht ist nur insofern von Bedeutung, als vereinzelte Ausnahmen von der Hearsay Rule nur für Zivilverfahren, andere nur für Strafverfahren gelten; die Ausnahmen, die allein in ersteren Verfahren in Betracht kommen können, werden daher in dieser Arbeit nicht erörtert.

Erster Teil

# DIE HEARSAY RULE

Eine bestimmte, in der Formulierung einheitliche Fassung der Hearsay Rule gibt es bis heute nicht.[1]

Die Hearsay Rule — vielfach auch Rule against Hearsay genannt — stellt als solche in England kein durch gesetzgeberischen Akt geschaffenes Recht (statute law) dar; dementsprechend ist sie nie vom Gesetzgeber in irgendeiner Weise verbindlich formuliert worden. Andererseits haben aber auch die Richter, obwohl die Rule Bestandteil des common law ist, also durch die Rechtsprechung der oberen Gerichte anerkanntes und fortentwickeltes Gewohnheitsrecht bildet, sie niemals vollständig in einen bestimmten Wortlaut gefaßt.[2] Die englische Rechtswissenschaft sah sich daher, um überhaupt einen Ansatzpunkt für die Darstellung dieses im angelsächsischen Recht so überaus wichtigen Instituts[3] zu haben, vor die Aufgabe gestellt, selbst die Hearsay Rule in Worte zu fassen.

Ausgangspunkt bei den Bemühungen um eine Formulierung der Rule war und ist für die englischen Rechtswissenschaftler weniger die etymologische oder die allgemeine Bedeutung des Wortes „hearsay" — obwohl natürlich auch sie diesen Begriff näher erläutern müssen — als vielmehr in erster Linie der Inhalt der Hearsay Rule, wie er im einzelnen allein durch die auf diesem Gebiet ergangenen Entscheidungen bestimmt worden ist.[4]

Das aus dieser Rechtsprechung abgeleitete heute geltende Recht ist, wie Lord Chief Justice *Parker* in einer neueren Entscheidung des Court of Criminal Appeal[5] erklärte, von dem Judicial Committee of the Privy Council[6] mit folgenden Worten aufgezeigt worden:

---

[1] Vgl. *Cross*, What should be done ..., [1965] Crim. L. R. 68.

[2] *Cross*, Evidence, S. 378.

[3] *Griew*, [1965] Crim. L. R. 91 (93): "The rule is as basic and as recurrent in every-day court experience as any rule could well be." — *Wigmore* on Evid., Vol. 5, § 1364, S. 27: ".... a rule which may be esteemed, next jury-trial, the greatest contribution of that eminently practical legal system to the world's methods of procedure."

[4] Vgl. z. B. *Kenny's* Outlines, § 566, S. 497.

[5] R. v. Willis, (1959) 44 Cr. App. R. 32 (37).

[6] Subramaniam v. Public Prosecutor, [1956] 1 W. L. R. 965 (970).

"Evidence of a statement made to a witness by a person who is not himself called as a witness may or may not be hearsay. It is hearsay and inadmissible when the object of the evidence is to establish the truth of what is contained in the statement. It is not hearsay and is admissible when it is proposed to establish by the evidence, not the truth of the statement, but the fact that it was made."

Diese Darstellung des in bezug auf den Beweis vom Hörensagen geltenden Rechts läßt nun allerdings dasselbe nicht in seiner ganzen differenzierten Gestaltung und die dadurch bedingten Schwierigkeiten bei seiner Anwendung erkennen; sie ist in ihrer Formulierung viel zu allgemein gehalten[7], als daß bereits sie für sich allein genommen als eine zufriedenstellende oder auch nur ausreichende Wiedergabe des Inhalts der Hearsay Rule in seiner ganzen Vielschichtigkeit angesehen werden könnte. Um den vollen Gehalt des — wie Lord Chief Justice *Parker* es nannte[8] — „statement of the law" des Judicial Committee verstehen zu können, ist vielmehr die Kenntnis der ihm zugrunde liegenden Rechtsprechung Voraussetzung. Dies macht es erforderlich, einige grundlegende Entscheidungen näher zu untersuchen. Da diese teilweise aus der Entstehungszeit der Hearsay Rule bzw. aus den Anfangsjahren ihres festen Bestehens stammen, soll des besseren Verständnisses wegen auch die Entwicklung der Rule aufgezeigt werden.

## I. Die Entwicklung der Hearsay Rule

Wie aus dem bereits einleitend Gesagten hervorgeht[9] und worauf auch *Wigmore* mit Recht hinweist[10], ist im Vergleich zu anderen englischen Rechtseinrichtungen die Hearsay Rule in ihrer heutigen Ausgestaltung[11] noch nicht allzu lange fester Bestandteil des englischen Beweisrechts.

### 1. DER URSPRÜNGLICHE RECHTSZUSTAND

Im Schrifttum wird fast einhellig die Ansicht vertreten[12], die Rule sei im wesentlichen die Folge des in England praktizierten Juryverfahrens (jury system of trial). Der eigentliche Ursprung dieses Verfahrenssystems konnte zwar bisher nicht eindeutig geklärt wer-

---

[7] Das beruht auf der Ablehnung der englischen Richter, die Hearsay Rule vollständig in einen bestimmten Wortlaut zu fassen.

[8] R. v. Willis, a. a. O., S. 37.

[9] Vgl. oben, S. 2.

[10] *Wigmore* on Evidence, Vol. 5, § 1364, Anm. 66 (S. 26).

[11] Vgl. oben, S. 2.

[12] Hierzu z. B. *Baker,* Hearsay Rule, S. 7; *Phipson,* Evidence, RdNr. 641 ff.; anderer Ansicht der Amerikaner *Morgan,* Hearsay Dangers..., in 62 H. L. R. 177 (179 ff.).

den[13], doch ist sicher, daß es in England seine feste Begründung als Rechtseinrichtung in der Regierungszeit Heinrichs II., also in der zweiten Hälfte des 12. Jahrhunderts fand.[14] Dabei ist es im Hinblick auf die Entwicklung der Hearsay Rule unerheblich, daß das Juryverfahren nicht absolut gleichzeitig für Zivil- und für Strafsachen durchgesetzt wurde, wie auch die weiteren Einzelheiten seiner endgültigen Begründung hier nicht erörtert zu werden brauchen. Bedeutungsvoll ist in dem Zusammenhang allein die Tatsache, daß die Geschworenen zur Erfüllung ihrer Aufgabe ursprünglich ohne weiteres Informationen verwerten durften, die auf bloßem Hörensagen beruhten.[15]

Die damals für unbedenklich gehaltene Zulassung des Hörensagens erklärt sich aus der Funktion, die die Geschworenen in jener Zeit innerhalb des Verfahrens erfüllten und die sich schon in einer vergleichbaren Einrichtung bewährt hatte: Das von den Normannen nach der Besetzung Englands aufgebaute Verwaltungssystem kannte nämlich bereits eine Jury; sie bildete sogar einen wesentlichen Bestandteil desselben, denn ihre Aufgabe bestand vor allem darin, der Regierung die für die Verwaltung des Landes notwendigen Informationen zu beschaffen[16] sowie die Angelegenheiten zu untersuchen, die die Öffentlichkeit als solche betrafen. Eine befriedigende Erfüllung dieser Aufgabe konnte naturgemäß am ehesten von Leuten erwartet werden, die selbst unmittelbar in der Gegend lebten, über die bzw. aus der die Regierung Informationen begehrte oder mit der die öffentliche Untersuchung befaßt war. Dementsprechend setzte sich eine solche Jury jeweils aus Männern der betreffenden Nachbarschaft zusammen; sie waren unter den gegebenen Umständen diejenigen, die sich — sofern sie es nicht bereits waren — am besten mit den örtlichen Gewohnheiten vertraut machen konnten und die die Tatsachen persönlich kannten oder doch die Möglichkeit hatten, sich bei denen zu informieren, die diese Kenntnis besaßen.[17]

Bei der nachfolgenden Einführung des Juryverfahrens für Zivil- und auch für Strafsachen lag es daher nahe, diese bis dahin im Bereich der Verwaltung praktizierte Methode zu übernehmen. Wie jene Jury so wurde auch die der neuen Verfahrensart aus Männern der unmittelbaren Nachbarschaft gebildet, und wie dort so wurde auch hier von den Geschworenen erwartet, daß sie die erheblichen Tatsachen

---

[13] Zum Stand des Meinungsstreits siehe *Vogel*, Schwurgericht, S. 6 ff., mit weiteren Nachweisen.

[14] *Devlin*, Trial by Jury, S. 7 und 9; *Vogel*, a. a. O., S. 7 und 9.

[15] *Baker*, a. a. O., S. 7; *Phipson*, a. a. O., RdNr. 641; *Wigmore*, a. a. O., S. 15.

[16] Auf diese Weise wurde z. B. gegen Ende des 11. Jahrhunderts das Domesday Book, das Reichsgrundbuch Englands, geschaffen; *Devlin*, a. a. O., S. 5 f.

[17] *Baker*, a. a. O., S. 7.

entweder bereits persönlich kannten oder sich diese Kenntnis irgendwie verschaffen konnten[18], und zwar nicht etwa im Rahmen einer regelrechten Beweisaufnahme — eine solche fand in ihrer Gegenwart vor Gericht gar nicht statt[19] —, sondern gerade außerhalb der eigentlichen gerichtlichen Verhandlung. Aus welchen Quellen sie ihr Wissen, das sie dann ihrem Spruch zugrunde legten, bezogen, war dabei völlig belanglos; es konnte ohne weiteres auf unbeschworenen Erklärungen von Nachbarn, Mitgeschworenen oder den Parteien selbst beruhen[20], und deren Wissen konnte wiederum schon aus zweiter oder dritter Hand sein.[21] *Wigmore* behauptet sogar, daß derartige „practices of obtaining information from informed persons not called were a chief reliance for the early jury."[22] Und in der Tat wurde den Geschworenen vielfach ein gewisser Zeitraum zwischen ihrer Eintragung in die Geschworenenliste und der gerichtlichen Verhandlung zugestanden, damit sie sich die nötigen Informationen auf die vorgenannte Art und Weise beschaffen konnten.[23]

Kennzeichnend für die Jury dieser frühen Periode ist somit, daß ihre Mitglieder in ein und demselben Verfahren sowohl die Geschworenen als auch die Zeugen — und zwar die einzigen Zeugen überhaupt — gewesen sind, daß sie also diese beiden Funktionen in einer Person vereint haben.[24] Solange diese Praxis als die gerechte und richtige betrachtet und infolgedessen keine Notwendigkeit gesehen wurde, andere Personen vor Gericht als Zeugen zuzulassen, wobei zwangsläufig deren Glaubwürdigkeit bzw. die Glaubhaftigkeit ihrer Aussagen hätte geprüft werden müssen, solange bestand verständlicherweise auch keinerlei Bedürfnis, Hörensagen als unzulässig auszuschließen.

## 2. DIE SPÄTERE ENTWICKLUNG

Entsprach es mithin dem Recht jener Zeit, Hörensagen in jeglicher Form und ohne irgendwelche Einschränkungen zuzulassen, so ist das entscheidende Moment, das letztlich dann doch zur allmählichen Abkehr von diesem Grundsatz und zur Entwicklung der Hearsay Rule, d. h. zum regelmäßigen Ausschluß des Hörensagens führte, in der

---

[18] *Devlin*, Crim. Prosecution, S. 3; *Vogel*, Schwurgericht, S. 10 und 11.

[19] *Brunner*, Schwurgericht, S. 92.

[20] *Baker*, Hearsay Rule, S. 7 f.; *Phipson*, Evidence, RdNr. 641 (S. 278).

[21] *Vogel*, a. a. O., S. 11, u. *Williams*, Proof of Guilt, S. 5, der insoweit sogar von „village gossip" spricht.

[22] *Wigmore* on Evid., Vol. 5, § 1364 (S. 12).

[23] *Phipson*, a. a. O., RdNr. 641 (S. 278).

[24] *Baker*, a. a. O., S. 7; *Phipson*, a. a. O., RdNr. 641 (S. 277); *Brunner*, a. a. O., S. 103, spricht in diesem Zusammenhang von der Jury als einer „Zeugengenossenschaft" (ders. auch auf S. 92).

Einführung eines neuen Typs des Zeugen in das Verfahren zu erblicken, nämlich des Zeugen, der nunmehr als solcher vor Gericht erschien und die Jury öffentlich über die erheblichen Tatsachen informierte. Der wachsenden Anerkennung desselben entsprechend wurde die Funktion der Geschworenen als Zeugen mehr und mehr eingeschränkt, bis sie schließlich — nach einem sich allerdings über Jahrhunderte hinziehenden Entwicklungsprozeß — ganz entfiel.

### *a) Die Entwicklung im Hinblick auf die Zeugen*

Erstmals bekannt wurde der Zeuge in dieser neuen Gestalt in der ersten Hälfte des 15. Jahrhunderts.[25] Wie aus einer Entscheidung aus dem Jahre 1441 hervorgeht, erkannte man im Hinblick auf die Aussagen derartiger Zeugen die Schwäche des Hörensagens zwar sehr bald; dort wurde die Aussage eines Zeugen zurückgewiesen, weil seine Bekundungen über eine Beweistatsache darauf beruhten, er sei „so informed".[26] Tatsächlich blieb jedoch der Ausschluß vorerst noch eine vereinzelte Ausnahme[27]. An diesem Zustand änderte sich in dem folgenden Jahrhundert nichts, so daß auf Hörensagen beruhender Beweis nach wie vor grundsätzlich zugelassen wurde.

Maßgebend für den Stillstand der Entwicklung in jener Zeit war insbesondere der Umstand, daß der Zeuge im heutigen Sinne, der also öffentlich in der Verhandlung aussagte und auf diese Weise die Jury über die entscheidungserheblichen Tatsachen informierte, bis in die zweite Hälfte des 16. Jahrhunderts hinein eine seltene Erscheinung darstellte und daß ihm somit noch eine nur untergeordnete Bedeutung zukam. Dies hatte seinen Grund vor allem darin, daß ein solcher Zeuge fürchtete und in der Tat auch Gefahr lief, wegen unzulässiger Einmischung in das betreffende Verfahren als an demselben Unbeteiligter (maintenance) belangt zu werden.[28]

Nachdem aber schließlich im Jahre 1563 ein Gesetz den erwähnten Befürchtungen endgültig den Boden entzogen hatte, indem es das Erscheinen derartiger Zeugen zur Pflicht machte[29], gehörten letztere in der Folgezeit in zunehmendem Maße zum normalen Erscheinungsbild

[25] *Phipson,* a. a. O., RdNr. 643 (S. 279).

[26] Y. B. 20 Hen. VI, 20, 16, zitiert u. a. bei *Phipson,* a. a. O., RdNr. 644, Anm. 46.

[27] Z. B. wurden 1541 in Rolfe v. Hampden, 1 Dyer 53 b (73 E. R. 117), u. a. ausdrücklich die Aussagen von zwei Zeugen zugelassen, die ihre Kenntnis allein aus den Berichten dritter Personen herleiteten. Ferner wurde im Jahre 1553 im Thomas Case, 1 Dyer 99 b (73 E. R. 218), entschieden, daß „one witness of his own knowledge, and another by hearsay, though at the third or fourth hand, are two sufficient witnesses in high treason".

[28] *Baker,* a. a. O., S. 8; *Phipson,* a. a. O., RdNr. 643 (S. 279).

[29] 5 Eliz., c. 9, s. 6.

in den Verfahren vor den Gerichten.[30] Blieb es auch in dem nun folgenden Jahrhundert noch immer bei der grundsätzlichen Zulassung des Hörensagens sowohl in Zivil- als auch in Strafsachen, so wuchs doch in der Praxis der Widerstand dagegen ständig.[31] In dem Bericht über die Entscheidung Stransham v. Cullington[32] heißt es z. B. in bezug auf eine auf Hörensagen beruhende Aussage: „... this was ruled no proof, ... and a consultation was granted: but they said, that hearsay shall be allowed for a proof."

Für die am Ende des 16. Jahrhunderts verstärkt einsetzende Entwicklung war mit bestimmend die Tatsache, daß die Geschworenen immer seltener eine eigene — wie auch immer verschaffte — Kenntnis von den Gegebenheiten des einzelnen Falles haben mußten und statt dessen immer häufiger ihrer Entscheidung das zugrunde legen konnten und zugrunde legten, was von den Zeugen öffentlich in der Verhandlung vor Gericht bekundet wurde. Damit entwickelte sich die Funktion der Jury nunmehr zunehmend zu einer solchen von „judges of fact"[33], d. h. die Geschworenen waren in diesem Fall nicht mehr gleichzeitig Zeugen, sondern hatten nur noch darüber zu befinden, was ihnen von anderen Personen vor Gericht als Beweis angeboten oder vorgelegt wurde.[34] Die notwendige Folge war fortan eine kritische Überprüfung nicht nur der Menge der angebotenen Beweise, sondern vor allem der Art und Glaubhaftigkeit der jeweiligen Zeugenaussagen. Dies mußte zwangsläufig auch zu der Überlegung führen, inwieweit bzw. ob überhaupt auf Hörensagen beruhender Beweis eine ausreichende Grundlage für eine richtige und gerechte Entscheidung bilden kann.

In den kurzen Abrissen englischer und amerikanischer Juristen über die Geschichte der Hearsay Rule sind, jedenfalls soweit sie dem Verfasser zugänglich waren, zwar keinerlei Hinweise auf mögliche Auswirkungen der damaligen politischen Verhältnisse in England auf die Entwicklung der Rule zu finden; um eines besseren Verständnisses willen sollten jedoch jene Verhältnisse nicht völlig außer Betracht gelassen werden, denn sie waren ganz zweifellos auch auf diese Entwicklung nicht ohne jeden Einfluß.[35]

Die Institution der Geschworenengerichte sowie die öffentliche Durchführung der Strafverfahren bedeuteten besonders in der Zeit

---

[30] Vgl. *Wigmore* on Evid., Vol. 5, § 1364, S. 12; *Baker*, a. a. O., S. 8.

[31] *Wigmore*, a. a. O., S. 13 u. 15; *Phipson*, a. a. .O, RdNr. 644 (S. 279).

[32] (1590) Cro. Eliz. 228; 78 E. R. 484.

[33] *Wigmore*, a. a. O., S. 12.

[34] *Devlin*, Crim. Prosecution, S. 4; *Newman*, Engl.-Amerik. Beweisrecht, S. 33.

[35] *Stephen*, H. C. L., Vol. I, S. 319, schreibt in seinem Kapitel über die Geschichte der Strafverfahren in England von 1554 bis 1760: "... the great interest of English criminal law lies in the circumstance that it has been closely connected with several of the turning-points of English constitutional history".

Heinrichs VIII. bis Jakobs II. durchaus nicht gleichzeitig auch eine Garantie für die Freiheit.[36] Ein Beschuldigter konnte beliebig lange in Gewahrsam gehalten und mit Hilfe der Folter zu einem Geständnis gezwungen werden; er durfte sich weder eines Anwalts oder irgendwelcher Fachliteratur bedienen, noch war es ihm erlaubt, sich Entlastungsbeweise zu verschaffen oder, falls ihm das doch gelungen sein sollte, sie dem Gericht vorzulegen.[37] Darüber hinaus waren die Richter von der Krone abhängig und deshalb vielfach deren willfährige Werkzeuge[38], denen mannigfaltige Mittel, wie z. B. Einsperrung und Geldstrafen, zur Verfügung standen, um die Entscheidung der Geschworenen gegebenenfalls in ihrem Sinne bzw. im Sinne der Krone zu beeinflussen.[39]

Wie sehr gerade im 16. und 17. Jahrhundert von den jeweiligen Regierungen diese Macht mißbraucht worden ist, zeigen zahllose Entscheidungen aus jener Zeit.[40] *Stephen* meint zwar bezüglich der Entscheidungen zumindest aus den Jahren zwischen 1660 und 1678, daß,

> "when neither political nor religious passions or prejudices were excited, when the matters at issue were very plain and simple, when the facts were all within the prisoner's knowledge, and when he was not kept in close confinement before his trial, and was able to consult counsel and to procure witnesses if he had any",

die Verfahren einfach, fair und im wesentlichen auch gerecht gewesen seien, obgleich es nur wenig oder gar keinen Schutz gegen Meineide gegeben habe.[41] Im weiteren stellt jedoch auch er fest, daß ein Gefangener bei Nichterfülltsein auch nur einer der aufgezählten Bedingungen außerordentlich stark benachteiligt gewesen sei, ja, daß er im Verfahren praktisch wehrlos dagestanden habe, „if the Court were prejudiced, if the prisoner was kept in close confinement up to his

---

[36] Vgl. hierzu und zum Nachstehenden vor allem *Mittermaier*, Strafverfahren, S. 3 ff., insbes. S. 7 ff., und *Stephen*, a. a. O., S. 319 ff.

[37] *Stephen*, a. a. O., S. 325 und 337.

[38] Ders. auf S. 335: "That the judges of that time were subservient to the Crown must be admitted".

[39] *Mittermaier*, a. a. O., S. 8; *Stephen*, a. a. O., S. 337. Die wohl bekannteste Entscheidung ist der Bushell Case, (1670) Vaughan 135; 124 E. R. 1006, in dem es darum ging, ob die Geschworenen eine Geldstrafe bezahlen mußten, die ihnen auferlegt worden war, weil sie sich in einem anderen Verfahren trotz erheblicher Drohungen seitens der Richter und trotz des Zwangs zu mehrfacher Beratung geweigert hatten, den von den Richtern gewünschten Schuldspruch zu fällen. Das Gericht verneinte dies schließlich und erklärte endgültig die Ausübung jeden Druckes auf die Jury zwecks Erreichung eines bestimmten Wahrspruches für unzulässig.

[40] Zusammenstellung der umfangreichen Rechtsprechung bei *Stephen*, a. a. O., S. 319—427.

[41] *Stephen*, a. a. O., S. 381 f.

trial, and if perjured witnesses were called against him".[42] Es mag zutreffen, daß, wie *Stephen* behauptet[43], auch in jener Zeit viele Verfahren, insbesondere wenn sie keine politischen Delikte zum Gegenstand hatten, für den Angeklagten absolut fair abgewickelt worden sind; andererseits kann aber nicht die entscheidende Tatsache geleugnet werden, daß dies in zahlreichen Fällen nicht so gewesen ist, weil eben die Regierung die ihr insoweit gegebene Macht nach Belieben auch willkürlich und mißbräuchlich ausgeübt hat.

Es ist verständlich, daß in dieser Situation die Forderung nach einem „fair trial" immer dringlicher gestellt wurde und daß damit zusammenhängend die Frage des Ausschlusses des seit langem auch als unfair empfundenen Hörensagens an Bedeutung gewann. So erklärt es sich, daß der letzte Abschnitt dieses bereits seit Jahrhunderten währenden Entwicklungsprozesses gerade wenige Jahre vor dem in vieler Hinsicht einen Wendepunkt bedeutenden Sturz Jakobs II. begann.

Eingeleitet wurde dieser Abschnitt höchst wahrscheinlich durch die Entscheidung Lutterell v. Reynell aus dem Jahre 1670, in der der Lord Chief Baron ausdrücklich betonte, daß Hörensagen als unmittelbarer Beweis (direct evidence) nicht erlaubt sei.[44] In Pickering v. Barkley[45] wurde vor Gericht ein „certificate of merchants" verlesen, um auf diese Weise die unter Kaufleuten übliche Auslegung einer Police unter Beweis zu stellen; das Gericht verlangte jedoch, „to have the Master of the Trinity House, and other sufficient merchants to be brought into the Court to satisfy the Court viva voce". Weitere Entscheidungen aus den folgenden Jahren, wie z. B. Samson v. Yardly and Tottill (1679)[46], Stainer v. Burgesses of Droitwich (1692)[47], Thompson and Ux' v. Trevanion (1693)[48], in der Chief Justice *Holt* eine auf Hörensagen beruhende Aussage ganz offensichtlich nur noch als eine Ausnahme zuließ, sowie R. v. Taylor (1694)[49] und R. v. Paine (1696)[50], lassen klar erkennen, daß zu Beginn des 18. Jahrhunderts

---

[42] *Stephen*, a. a. O., S. 382.

[43] A. a. O., S. 370.

[44] (1670) 1 Mod. 282 (283); 86 E. R. 887.

[45] (1674) Style 132; 82 E. R. 587 (588).

[46] 2 Keb. 223 (224); 84 E. R. 140: „... but what the witness dead had said generally, being but hearsay of a stranger, and not of party interest they would not admit, which might be true or false".

[47] 1 Salk. 281; 91 E. R. 247: Das Gericht lehnte Cambden's Britannia als Beweis für das Bestehen eines Gewohnheitsrechts (custom) mit der Begründung ab, „that a general history might be given in evidence to prove a matter relating to the kingdom in general, because the nature of the thing requires it, but not to prove a particular right or custom."

[48] Skin. 402; 90 E. R. 179.

[49] Skin. 403; 90 E. R. 179.

[50] 5 Mod. 163 (165); 87 E. R. 584 (585).

sowohl für Zivil- als auch für Strafverfahren der Grundsatz fest begründet war, auf Hörensagen beruhende Zeugenaussagen zumindest nicht mehr als direct evidence zuzulassen, gleichgültig, ob ihnen beschworene oder unbeschworene Erklärungen Dritter zugrunde lagen.[51]

Eine gewisse Einschränkung dieses Grundsatzes bestand allerdings vorerst noch: Gestützt auf die schon erwähnte Entscheidung Lutterell v. Reynell[52] wurde Hörensagen wenigstens indirekt auch in der Folgezeit noch zugelassen, nämlich als sogenannte „corroboration" anderer Zeugenaussagen. Damit waren auf Hörensagen beruhende Bekundungen als Aussagen zulässig, um zu beweisen, daß ein anderer Zeuge den Inhalt seiner unter Eid im Zeugenstand abgegebenen Erklärungen bereits bei anderer Gelegenheit geäußert hatte; gegebenenfalls wurde dadurch seine vor Gericht gemachte Aussage bestätigt (corroborated). Das Wesentliche hieran war, daß ganz allgemein die Aussage jedes Zeugen auf diese Weise bestätigt werden konnte, und zwar unabhängig davon, welchen Inhalt sie hatte oder welchem Zweck sie diente.[53] In der zweiten Hälfte des 18. Jahrhunderts schließlich erstreckte man aber das grundsätzliche Verbot des Hörensagens für Zeugen auch auf diese Fälle, so daß es am Ende des Jahrhunderts endgültig fester Bestandteil des englischen Beweisrechts war.[54]

### *b) Die Entwicklung im Hinblick auf die Geschworenen*

Die Entwicklung der Hearsay Rule im Hinblick auf die Jury verlief im wesentlichen ähnlich der in Verbindung mit den Zeugen, nur daß sie später als jene einsetzte und wahrscheinlich auch erst etwas später zu ihrem Abschluß kam.

Während man in bezug auf die Aussagen von mit den Geschworenen nicht identischen Zeugen die Schwäche des Hörensagens schon in

---

[51] *Wigmore* on Evid., Vol. 5, § 1364, S. 24; in den späteren Entscheidungen R. v. Eriswell (Inhabitants) — (1790) 3 T. R. 707; 100 E. R. 815 —, R. v. Nuneham Courtney (Inhabitants) — (1801) 1 East 373; 102 E. R. 144 — und R. v. Ferry Frystone (Inhabitants) — (1801) 2 East 54; 102 E. R. 289 — ist es ausdrücklich abgelehnt worden, eine Ausnahme von der Hearsay Rule bei solchen statements zu machen, die in einem früheren gerichtlichen Verfahren unter Eid abgegeben worden waren.

[52] (1670) 1 Mod. 282 (283); 86 E. R. 887: In diesem Fall wurden die Aussagen verschiedener Zeugen als Beweis dafür zugelassen, daß ein weiterer Zeuge „did at several times discourse and declare the same things, and to the like purpose, that he testified now. And the Lord Chief Baron said, though a hearsay was not to be allowed as a direct evidence, yet it might be made use of to this purpose, viz. to prove that W. M. was constant to himself, whereby his testimony was corroborated."

[53] In welchen Fällen und unter welchen Voraussetzungen heute eine corroboration nur noch zulässig ist, vgl. z. B. *Cross*, Evidence, S. 166 ff.

[54] *Baker*, Hearsay Rule, S. 9 und 10.

der ersten Hälfte des 15. Jahrhunderts wenigstens erkannte[55] — wenn auch die entsprechenden Konsequenzen erst rund 250 Jahre später zog —, so war bezüglich der Jury offensichtlich gerade das Gegenteil der Fall: Ein Gesetz aus dem Jahre 1427 bestimmte nämlich noch ausdrücklich, daß die Liste der in Betracht kommenden Geschworenen sechs Tage vor der Sitzungsperiode des Assisengerichts beiden Parteien übergeben werden mußte, damit diese die Geschworenen vor der Verhandlung über ihren Anspruch unterrichten konnten.[56] Daß die Jury ihren Wahrspruch sogar ohne weiteres auf solche privaten Informationen stützen durfte, von denen nicht einmal das Gericht Kenntnis hatte, und zwar selbst dann noch, als bereits der Widerstand gegen die Zulässigkeit von auf Hörensagen beruhender Zeugenaussagen ständig zunahm, geht klar aus der Entscheidung Graves v. Short[57] hervor. Hier hatte das Gericht die Frage, ob ein Geschworener seinen Mitgeschworenen ein Beweisstück im Beratungszimmer zeigen durfte, mit folgender Begründung bejaht:

„... it doth not appear, that it was evidence given to the juror by any of the parties, or by any other in behalf of the plaintiff; and that it was a piece of evidence which he had about him before, and shewed it to inform himself and his fellows. And as he might declare it as a witness, that he knew it to be true, so he might shew any thing which he knew".

Etwa 50 Jahre später entschied dann zwar ein Gericht in dem Fall Bennet and the Hundred of Hartford[58],

"that if either of the parties to a tryall desire that a juror may give evidence of something of his own knowledge, to the rest of the jurors, that the Court will examine him openly in Court upon his oath, and he ought not to be examined in private by his companions."

Diese Entscheidung blieb jedoch für viele Jahrzehnte eine absolute Ausnahmeerscheinung. Im Jahre 1670, dem Jahr, in welchem in Lutterell v. Reynell[59] der Grundsatz der Unzulässigkeit des Hörensagens als unmittelbarer Beweis in bezug auf Zeugenaussagen niedergelegt wurde, bestätigte vielmehr das Gericht im Bushell Case[60] erneut ausdrücklich, daß Geschworene ohne weiteres ihrem Wahrspruch private und dem Gericht unbekannte Informationen zugrunde legen

---

[55] Vgl. oben, S. 17.

[56] 6 Hen. VI, c. 2: "That pannels of assises be deliverd by the sheriff to either party six days before the sessions, namely, that they might inform the jurors of their right before the session"; zitiert nach *Hale*, History, Vol. II, S. 306.

[57] (1598) Cro. Eliz. 616; 78 E. R. 857.

[58] (1650) Style 233; 82 E. R. 671 (672).

[59] Siehe oben, S. 20.

[60] Vaughan 135 (149); 124 E. R. 1006 (1013).

durften. Begründet wurde dies von Chief Justice *Vaughan* u. a. mit folgenden Worten:

"... it is absurd to fine a jury for finding against their evidence, when the Judge knows but part of it; for the better and greater part of the evidence may be wholly unkown to him; and this may happen in most cases, and often doth, as in Graves and Shorts case."

Ganz interessant in diesem Zusammenhang ist, daß nicht nur die Geschworenen ihre Entscheidung auf privates Wissen gründen durften, sondern daß auch Richter das taten. In dem Fall Aspinwall v. Case[61], einem Rechtsstreit um eine Hinterlassenschaft, z. B. stützte Lord Chancellor *Jeffreys* sein Urteil auch auf seine persönliche Kenntnis um die Einstellung des Erblassers zu den Parteien.

Wann schließlich die Richter begannen, ihre Ansicht über die Zulässigkeit des Hörensagens auch in bezug auf die Jury zu ändern, läßt sich nicht mit Bestimmtheit sagen, wie ebenfalls nicht mit Sicherheit festzustellen ist, wann genau die Entwicklung der Hearsay Rule auch insoweit zu ihrem Abschluß gekommen ist. Da aber diese Entwicklungsphase der Hearsay Rule das — wie *Baker* es nennt[62] — Gegenstück zu der in bezug auf die Zeugen ist, kann davon ausgegangen werden, daß sie etwa Ende des 17. oder Anfang des 18. Jahrhunderts einsetzte, und zwar ebenfalls bedingt durch die Beschränkung der Geschworenen auf die Funktion von „judges of fact"[63]. *Baker*[64] vermutet allerdings, daß hierfür die sich entwickelnde Praxis der Gerichte bestimmend gewesen sei, eine neue Verhandlung (new trial) zu bewilligen, „where juries brought in irrational or absurd verdicts".[65] Nach Ansicht des Verfassers liegt jedoch die Annahme nahe, daß vor allem der Umstand, daß den Geschworenen nunmehr fast ausschließlich die entscheidungserheblichen Tatsachen öffentlich in der Verhandlung von anderen Zeugen zur Beurteilung vorgetragen wurden, dazu geführt hat, daß sie letztlich dann auch nur noch das ihnen auf diese Weise unterbreitete Beweismaterial zu beachten hatten, ihre auf anderem Wege erlangte persönliche Kenntnis von den Tatsachen folglich nicht mehr berücksichtigen durften.

Wie dem auch sei, spätestens am Ende des 18. Jahrhunderts haben nach *Hale*'s Darstellung die Parteien das Recht gehabt, einen Geschworenen als solchen abzulehnen, wenn dieser vor seiner Ver-

---

[61] (1685) 1 Vern. 433, 434; 23 E. R. 568, 569.

[62] *Baker,* a. a. O., S. 11.

[63] Vgl. oben, S. 18.

[64] A. a. O., S. 10.

[65] Andere Autoren, z. B. *Phipson, Devlin* (Trial by Jury) oder *Wigmore,* haben sich zu dieser Frage gar nicht geäußert.

eidigung als Geschworener sich bereits über den Fall informiert hatte.[66] Und aus der von Lord Chief Justice *Ellenborough* zu der im Jahre 1816 ergangenen Entscheidung R. v. Sutton[67] gegebenen Begründung geht schließlich eindeutig hervor, daß zu der Zeit auch das Stützen des Schuldspruchs auf das persönliche Wissen der Geschworenen für die Gerichte endgültig einen Grund zur Aufhebung der Entscheidung dargestellt hat.

## II. Die Ausgestaltung der Hearsay Rule

Lassen die bisherigen Ausführungen über die Entwicklung der Hearsay Rule eine genaue Darstellung dessen vermissen, was im einzelnen unter „Hörensagen" bzw. „hearsay" zu verstehen ist, so liegt die Erklärung hierfür in folgendem: In den zitierten, die Entwicklung bis zum Ausschluß des Hörensagens aufzeigenden Entscheidungen selbst ist nichts Definitives darüber zu finden, wie seinerzeit der Begriff „hearsay" von der Rechtsprechung verstanden worden ist. Dem Schrifttum jener Zeit ist — soweit es dem Verfasser zugänglich war — ebenfalls nichts derartiges zu entnehmen; in der 1795 erschienenen Auflage von *Hawkins*'s Werk „A Treatise of the Pleas of the Crown" findet sich z. B. bezüglich „how far hearsay shall be admitted" nur die aus der Rechtsprechung gezogene Schlußfolgerung:

> "It seems agreed, that what a stranger has been heard to say is in strictness no manner of evidence either for or against a prisoner".[68]

Erst nachdem die Hearsay Rule mit dem allgemeinen Inhalt, daß Hörensagen grundsätzlich ausgeschlossen ist, fester Bestandteil des Beweisrechts geworden war, wurde durch die nachfolgende Rechtsprechung dieser Inhalt und damit der Begriff des „hearsay" näher bestimmt.

### 1. HEARSAY ALS JURISTISCHER TERMINUS TECHNICUS

Das Wort „hearsay" stellt heute als ein Begriff aus dem geltenden Beweisrecht für die englischen Juristen eine Art terminus technicus dar. Als eine der hierfür grundlegenden Entscheidungen ist die im Jahre 1836 in dem Fall Stobart v. Dryden[69] ergangene anzusehen, eine Klage aus einem Pfand- oder Hypothekenbrief (mortgage deed).

---

[66] *Hale*, History, Vol. II, S. 306; in der 1800 erschienenen Aufl. heißt es: "If a juryman before he be sworn take information of the case, this is cause of challenge, as the law stands at this day".

[67] 4 M. & S. 532 (541); 105 E. R. 931 (934).

[68] *Hawkins*, P. C., 7th ed., Vol. IV, c. 46.

[69] 1 M. & W. 615; 150 E. R. 581.

Der Beklagte behauptete in dem Rechtsstreit, die Urkunde sei von einem der Zeugen, die sie unterzeichnet hätten, in betrügerischer Absicht abgeändert worden. Da dieser Zeuge inzwischen verstorben war, wollte der Beklagte mit Hilfe eines anderen Zeugen beweisen, daß der Verstorbene die behaupteten Abänderungen in verschiedenen mündlichen Erklärungen sowie in Briefen zugegeben habe. Das Gericht lehnte diesen Beweis jedoch ab mit der Begründung:

> "The general rule is, that hearsay evidence is not admissible as proof of a fact which has been stated by a third person."[70]

Dabei bilden die Worte „as proof of a fact which has been stated by a third person" den maßgebenden Teil dieser Begründung, denn durch sie ist, was bis dahin in noch keiner Entscheidung so klar gesagt worden war, ausdrücklich der grundsätzliche Ausschluß des Hörensagens davon abhängig gemacht worden, daß dasselbe zum Beweis einer von einer dritten Person berichteten[71] Tatsache dienen soll.

Darüber hinaus geht aus der Entscheidung bzw. aus den Worten „hearsay evidence is not admissible as proof of ..." hervor, daß im damaligen juristischen Sprachgebrauch das Wort „hearsay" auch noch für solches Hörensagen verwendet worden ist, das nicht zu dem genannten Zweck angeboten wurde. In der Folgezeit ging die Entwicklung jedoch dahin, Hörensagen nur noch in den ersteren Fällen als hearsay zu bezeichnen, und das Judicial Committee of the Privy Council hat schließlich in dem bereits zitierten Abschnitt seines advice, der das insoweit heute geltende Recht wiedergibt, sogar expressis verbis festgestellt, daß

> "evidence of a statement made to a witness by a person who is not himself called as a witness ... is not hearsay ... when it is proposed to establish by the evidence, not the truth of the statement, but the fact that it was made."[72]

Gleichzeitig hat es dort erklärt, daß der Beweis einer Erklärung, die eine nicht selbst als Zeuge auftretende Person gegenüber einem Zeugen abgegeben habe, nur dann hearsay bilde und als solches unzulässig sei,

> "when the object of the evidence is to establish the truth of what is contained in the statement."

Und allein in diesem Sinn wird heute in der juristischen Terminologie der Begriff „hearsay" verwendet.[73]

---

[70] A. a. O., S. 623 bzw. S. 584 (*Parke, B.*).

[71] Die möglichen Formen dieses Berichtens werden im einzelnen später noch dargelegt.

[72] Siehe oben, S. 13 f.

[73] Vgl. z. B. *Halsbury's* Laws of England, Vol. 15, Nr. 533; *Baker*, a. a. O., S. 2; *Cross*, a. a. O., S. 3 f.; *Phipson*, RdNr. 634.

Zur Veranschaulichung des Gesagten mag folgendes Beispiel dienen: A erklärt, B habe ihm gesagt, daß C ein Taschendieb sei, denn er habe bei einer bestimmten Gelegenheit einem Fremden heimlich Geld aus der Tasche gezogen und es für sich selbst ausgegeben. Diese eine Erklärung des A kann nun unter zweierlei Gesichtspunkten betrachtet werden, und je nachdem ist ihre rechtliche Zulässigkeit als Aussage in einem Verfahren völlig verschieden zu beurteilen. So ist sie in einem Strafverfahren gegen C wegen der besagten Tat als Beweis dafür, daß C die genannten Handlungen tatsächlich ausgeführt hat, unzulässig, da sie in dieser Hinsicht auf bloßem Hörensagen beruht; denn A hat nicht selbst mit einem seiner Sinne die Ausführung des Diebstahls durch C — die Beweistatsache — wahrgenommen, sondern er „weiß" davon allein auf Grund der Erklärung des B. Unter diesen Umständen könnte nur B[74] als Zeuge über die genannte Beweistatsache vernommen werden, vorausgesetzt natürlich, daß er unmittelbar den C die Tat hat ausführen sehen.[75] Im Gegensatz dazu ist die Erklärung des A als Aussage zulässig, wenn es um die Frage geht, ob der B das, was A von ihm gehört zu haben behauptet, wirklich gesagt hat. Verklagt beispielsweise der C den B wegen dessen Behauptung gegenüber A auf Schadensersatz wegen defamation, so kann A in dem Verfahren ohne weiteres als Zeuge darüber vernommen werden, ob B ihm gegenüber den C als einen Taschendieb bezeichnet hat oder nicht. In diesem Fall ist die Aussage zulässig, weil sie tatsächlich gar kein hearsay darstellt; denn Gegenstand des Beweises ist hier allein die Tatsache, daß der B die Bemerkung gemacht hat, nicht dagegen, ob ihr Inhalt der Wahrheit entspricht, der C also ein Dieb ist.[76]

Somit ist nach englischer Rechtsauffassung der Zweck, zu dem Beweismittel im konkreten Fall angeboten werden, oder, wie *Baker* es nennt, „the use that is made of them"[77], das entscheidende Kriterium dafür, ob sie hearsay darstellen und damit — von den Ausnahmen der Hearsay Rule einmal abgesehen — für die Findung des Schuldspruchs nicht berücksichtigt werden dürfen.

Im Einzelfall stößt allerdings die Bestimmung dieses Kriteriums vielfach auf erhebliche Schwierigkeiten; insbesondere ist es oft schwer, wenn nicht gar unmöglich, bei Berücksichtigung des Inhalts der fraglichen Erklärung eine genaue Grenze zu ziehen. In der Strafsache R. v. Wilkins[78] wegen larceny wurde beispielsweise folgende Aussage

---

[74] Von der nach anglo-amerik. Recht möglichen Vernehmung des Angeklagten als Zeugen soll hier einmal abgesehen werden.

[75] Wie die Rechtslage zu beurteilen ist, wenn B zwar nicht selbst den Diebstahl gesehen, der C diesen ihm gegenüber aber eingestanden hat, bleibt den Ausführungen über die Ausnahmen vorbehalten.

[76] Vgl. *Cross*, "What should be done ...", [1965] Crim. L. R. 68.

[77] *Baker*, a. a. O., S. 3; *Phipson*, a. a. O., RdNr. 631: "... the test being the purpose for which it is tendered."

[78] (1894) 4 Cox C. C. 92.

eines Polizeibeamten vom Richter zugelassen: Die zwei Angeklagten seien aus der Umgebung des Tatortes verschwunden gewesen; bei der Fahndung nach ihnen sei er ihren Spuren von Ort zu Ort gefolgt, bis er die beiden festgenommen habe. Dabei nannte der Zeuge die Orte namentlich. Den hiergegen erhobenen Einspruch der Verteidigung, die Zulassung dieser Aussage bedeute in Wahrheit die Zulassung von hearsay evidence über die einzelnen Bewegungen der Angeklagten, wies der Richter mit der Begründung zurück:

> "There is a distinction, which it appears to me is not sufficiently attended to, between mere statements made by and to witnesses, that are not receivable in evidence, and directions given and acts done by words, which are evidence. The witness, in this case, may say that he made inquiries, and in consequence of directions given to him in answer to those inquiries, he followed the prisoners from place to place until he apprehended them."

Es ist der Ansicht von *Cross*[79] zuzustimmen, daß diese Entscheidung bei Berücksichtigung der vorstehenden Ausführungen nur dann zutreffend sein kann, wenn mit der Aussage des Polizeibeamten — was allerdings aus den in der Fallsammlung von Cox wiedergegebenen Gründen nicht ersichtlich ist — nicht die einzelnen Bewegungen der Angeklagten, sondern nur die Gründe für die Schritte, die der Zeuge unternommen hatte, haben bewiesen werden sollen. In diesem Sinn ist auch der Fall R. v. Saunders[80] entschieden worden: Die Angeklagten wurden einer conspiracy to defraud durch die Vorspiegelung, in einem bestimmten Laden ein Geschäft zu führen, beschuldigt. Ein Polizeibeamter wurde als Zeuge in der Verhandlung gefragt, ob er Ermittlungen darüber angestellt habe, daß von den Angeklagten irgendein Handel getätigt worden sei, was dieser bejahte; ferner stellte der Anklagevertreter ihm die Frage, ob er als Ergebnis jener Ermittlungen herausgefunden habe, daß ein Handel getätigt worden sei, was der Zeuge verneinte. Während der erstinstanzliche Richter diesen Beweis zuließ, erklärte ihn der Court for Crown Cases Reserved[81] für unzulässig, weil,

> "if counsel for the defendant had in cross-examining the witness... asked him what inquiries he had made, the probable answer would have been, 'I went to the neighbours and they all told me that the shop was empty and that no trade was carried on in it'."[82]

---

[79] *Cross,* Evidence, S. 380.

[80] [1899] 1 Q. B. 490; 80 L. T. 28.

[81] Diesem Gericht wurde der Fall ausdrücklich zur Entscheidung darüber vorgelegt, ob diese beiden Fragen sowie die Antworten darauf als Beweis hatten zugelassen werden dürfen.

[82] So Lord Chief Justice *Russel,* dessen Ansicht die übrigen Richter zustimmten; 80 L. T. 28..

In diesem Zusammenhang sei schließlich noch auf die Entscheidung R. v. Wainwright[83] hingewiesen: In dem Verfahren wegen Mordes an einer Frau hatte eine der Belastungszeuginnen als letzte das Opfer am Tattage lebend gesehen, als es gerade seine Wohnung verließ. Die Zeugin beschrieb in der Verhandlung, was sich bei dem Zusammentreffen mit der später Ermordeten ereignet hatte und daß diese ihr gegenüber eine bestimmte Erklärung abgegeben habe. Lord Chief Justice *Cockburn* ließ zwar die Frage an die Zeugin zu, ob die Ermordete ihr bei der Gelegenheit etwas gesagt habe, untersagte jedoch, die Frage zu stellen, was sie ihr mitgeteilt habe.[84]

Diese wenigen Beispiele mögen hier als Hinweis auf die insoweit möglichen Schwierigkeiten genügen. Bei der Kompliziertheit der Materie dieselbe im weiteren bis in die letzten Einzelheiten zu verfolgen würde den Rahmen dieser Arbeit sprengen und darüber hinaus ihrem Ziel nicht einmal dienlich sein; denn letztlich ergeben sich die jeweiligen Schwierigkeiten immer wieder nur aus den Umständen des einzelnen Falles. Festgehalten werden soll jedoch, daß die Fälle, in denen der Beweis eines statement, das eine nicht selbst als Zeuge auftretende Person gegenüber einem Zeugen abgegeben hat, zulässig ist, weil er entsprechend den vorstehenden Ausführungen[85] kein hearsay, sondern original evidence darstellt, daß diese Fälle im großen und ganzen in zwei Hauptgruppen unterteilt werden können. Diese sollen — *Cross* folgend[86] — hier überschrieben werden mit: a) statements as facts in issue, b) statements as facts relevant to the issue.[87]

### *a) Statements as Facts in Issue*

Zu dieser Gruppe zählen die Fälle, in denen es direkt um die Tatsache als solche geht, daß die in Rede stehende Erklärung eines Dritten[88] abgegeben worden ist, es für die Entscheidung selbst aber

---

[83] (1875) 13 Cox C. C. 171.

[84] Die Ermordete hatte der Zeugin den Ort genannt, den sie gerade hatte aufsuchen wollen. Dabei handelte es sich um das Grundstück eines der Angeklagten, wo dann die Leiche vergraben aufgefunden worden war; a. a. O., S. 173. — Vgl. auch die Entscheidung in dem ähnlich gelagerten Fall R. v. Pook, (1871) 13 Cox C. C. 172 n.

[85] Seite 24 f.

[86] *Cross*, Evidence, S. 392 und 394.

[87] Die englischen Begriffe werden hier beibehalten, weil ihre Übertragung in die deutsche Rechtssprache Umschreibungen erforderte, um die Klarheit der ihnen im englischen Recht zukommenden Bedeutung zu erhalten. — *Baker* überschreibt die beiden Gruppen wie folgt: a) Statements which are part of the facts in issue, b) Statements used circumstantially; a. a. O., S. 2.

[88] Hier und im weiteren ist unter „Dritter“ eine Person zu verstehen, die nicht selbst als Zeuge vor Gericht aussagt.

keinerlei Bedeutung hat, ob auch der Inhalt jener Erklärung stimmt oder nicht stimmt.

Ein einfaches Beispiel hierfür stellt das bereits oben[89] angeführte dar; wie aus ihm hervorgeht, kommen vor allem die Klagen wegen defamation („libel" und „slander") in Betracht. Ein weiteres anschauliches Beispiel bildet der Fall „The Douglas"[90]: Die „Douglas" war infolge einer Kollision in der Themse gesunken; in der Nacht war ein weiteres Schiff auf das unbeleuchtet gebliebene Wrack aufgelaufen und beschädigt worden. Die Kläger begehrten nunmehr von den Eigentümern der „Douglas" den Ersatz des Schadens mit der Begründung, sie hätten das Wrack fahrlässigerweise unbeleuchtet gelassen. Die Beklagten beriefen sich zur Verteidigung auf das Zeugnis des Kapitäns eines Schleppdampfers, der folgendes bekunden konnte: Er habe auf die entsprechende Bitte des Schiffsoffiziers der „Douglas" hin den Hafenmeister gleich nach der ersten Kollision über die Position der „Douglas" informiert; dieser habe ihm daraufhin erklärt, daß unverzüglich Maßnahmen ergriffen würden, um Lichter auf dem Wrack zu setzen; über dieses Vorhaben des Hafenmeisters habe er sodann den Schiffsoffizier der „Douglas" unterrichtet. Die Beklagten meinten, daß diese Aussage mit der Wiedergabe der Unterhaltung zwischen dem Zeugen und dem Hafenmeister „was most material for the purpose of proving absence of negligence on the part of the defendants." Während in der ersten Instanz dieser Beweis als hearsay zurückgewiesen worden war, ließ ihn der Court of Appeal unter Vorsitz von Lord Chief Justice *Coleridge* zu, und zwar mit der Begründung, die Aussage stelle kein hearsay, sondern original evidence dar. Das Berufungsgericht sah es für die Entscheidung der allein erheblichen Frage der Fahrlässigkeit seitens der Beklagten als unwesentlich an, ob der Hafenmeister tatsächlich die Absicht gehabt hatte, das Wrack zu beleuchten; es verneinte eine Fahrlässigkeit auf Grund der Aussage des Zeugen, weil bei der gegebenen Sachlage

> "it must be inferred ... that he[91] undertook to do the duty, and at least the mate of the 'Douglas' had fair ground for supposing that he would perform it."[92]

### *b) Statements as Facts Relevant to the Issue*

In dieser Gruppe sind die Fälle zusammengefaßt, in denen für die Entscheidung zwar auch die Tatsache erheblich ist, daß eine bestimmte Erklärung eines Dritten abgegeben worden ist, ohne daß es dabei auf die Richtigkeit oder Unrichtigkeit des Inhalts derselben ankommt. Im

---

[89] Seite 26.
[90] (1882) 47 L. T. 502.
[91] Gemeint ist der Hafenmeister.
[92] A. a. O., S. 503.

Gegensatz zu den Fällen der vorstehend beschriebenen Gruppe bildet hier jedoch die Frage, ob eine bestimmte Erklärung abgegeben worden ist, nicht die eigentliche Kernfrage des Verfahrens; vielmehr ist die Abgabe oder Nichtabgabe einer solchen Erklärung — unabhängig von ihrem Inhalt — nur ein Umstand, der für die Entscheidung der eigentlichen Frage von gewisser Erheblichkeit ist, d. h. ein Umstand, aus dem bestimmte und für das, was tatsächlich zur Entscheidung ansteht, wesentliche Schlüsse gezogen werden können.

Dies kann in zahlreichen und den verschiedenartigsten Fällen von großer Bedeutung sein, so z. B. im Hinblick auf die Frage der Gut- oder Bösgläubigkeit des Erklärenden, seiner Kenntnis oder Unkenntnis um bestimmte Dinge, seiner Absicht oder des Motivs seines Handelns sowie auch seiner psychischen Verfassung oder seines Geisteszustands.[93] Ein von *Baker*[94] in diesem Zusammenhang gebrachtes Beispiel ist sehr instruktiv: In einem Verfahren, in dem es um die Frage geht, ob A die geeignete Person ist, das Erziehungsrecht über ein Kind zugesprochen zu erhalten, ist die Aussage eines Zeugen, er habe verschiedentlich den A sich als Kaiser Napoleon bezeichnen hören, als original evidence zulässig, um den Geisteszustand von A unter Beweis zu stellen. Daß hier das Gericht nicht mit der Frage der Richtigkeit oder Unrichtigkeit des Inhalts der Erklärung des A befaßt ist, liegt auf der Hand, wie auch klar ist, daß der eigentliche Gegenstand des Verfahrens nicht die Frage ist, ob A sich verschiedentlich als Kaiser Napoleon bezeichnet hat.

Ein weiteres Beispiel bildet die Entscheidung Subramaniam v. Public Prosecutor[95]: Subramaniam war in Malaya wegen unerlaubten Besitzes von Munition angeklagt worden. Er hatte sich damit verteidigt, nur aus Furcht vor Terroristen und auf Grund der Drohungen derselben gehandelt zu haben; dies hatte er durch die Wiedergabe dessen, was die Terroristen zu ihm gesagt hatten, beweisen wollen. Der Beweis war jedoch als hearsay zurückgewiesen und der Angeklagte verurteilt worden. Das Judicial Committee of the Privy Council entschied dagegen, daß der Beweis nicht hätte ausgeschlossen werden dürfen, denn er stelle keinen hearsay evidence dar; der Angeklagte habe nicht beweisen wollen, daß das, was die Terroristen ihm erklärt hätten, stimmte, sondern durch welche psychische Zwangslage er zu seinem Verhalten veranlaßt worden sei; die Tatsache, daß

---

[93] Hierzu vor allem *Phipson*, a. a. O., RdNr. 632; auch *Baker*, Hearsay Rule, S. 2.

[94] *Baker*, a. a. O., S. 2.

[95] [1956] 1 W. L. R. 965; weitere Beispiele: R. v. Edmunds, (1833) 6 C. & P. 164; 172 E. R. 1191, wo die Tatsache, daß Erklärungen abgegeben worden waren, als Beweis für die Frage des Motivs zugelassen wurde; Lloyd v. Powell Duffryn Steam Coal Co., Ltd., [1914] A. C. 733; R. v. Willis, (1960) 44 Cr. App. R. 32.

eine bestimmte Erklärung abgegeben worden sei, müsse aber als Beweis dafür zugelassen werden, in welcher seelischen Verfassung sich eine Person befunden habe, und im vorliegenden Fall[96]

> "statements could have been made to the appellant by the terrorists, which, whether true or not, if they had been believed by the appellant, might reasonable have induced in him an apprehension of instant death if he failed to conform to their wishes."

In diese Fallgruppe gehören weiterhin auch noch diejenigen Fälle, in denen ein entscheidungserheblicher Umstand oder Vorfall überhaupt erst durch eine mit ihm verbundene und auf ihn bezogene Erklärung näher bestimmt wird, ohne daß es darauf ankommt, ob der Inhalt der Erklärung nun zutrifft oder nicht.[97] In einem solchen Fall ist die Erklärung eines Dritten ebenfalls kein hearsay, sondern darf unter Beweis gestellt werden wegen der Art, in der sie — und weil sie — den mit ihr verbundenen und für die Entscheidung erheblichen Umstand näher erläutert, ohne daß dabei gleichzeitig die Richtigkeit ihres Inhalts unter Beweis gestellt werden soll. Allerdings darf es sich bei ihr nicht nur um eine zufällige oder beiläufige Bemerkung (incidental remark) handeln, wie aus der Entscheidung R. v. Wainwright eindeutig hervorgeht.[98] Wesentlich für die Qualifizierung einer Erklärung eines Dritten als ein derartiges „statement accompanying a relevant act or event" ist, daß sie als solche, d. h. unabhängig von der Richtigkeit ihres Inhalts, selbst keine entscheidungserhebliche Tatsache bildet, wenn sie einmal von dem Akt, den sie begleitet, losgelöst betrachtet wird.[99]

Zur Veranschaulichung mag der bereits im Jahre 1834 entschiedene Fall Hayslep v. Gymer[100] dienen: Die Klägerin war Haushälterin bei dem Vater des Beklagten gewesen. Nach dem Tode ihres Arbeitgebers hatte sie dessen Hinterlassenschaft dem Beklagten ausgehändigt; auf seine Frage, ob sie noch weitere Sachen von seinem Vater besitze, hatte sie ihm noch einige Banknoten mit der ausdrücklichen Bemerkung übergeben, daß sie das Geld von dem Verstorbenen seinerzeit als Geschenk erhalten habe. Der Beklagte hatte diese Behauptung zwar nicht expressis verbis bestritten, andererseits das Geld aber auch

---

[96] A. a. O., S. 970.

[97] *Cross*, Evidence, S. 395.

[98] (1875) 13 Cox C. C. 171 — vgl. oben, S. 46: In dem Fall vertrat der Ankläger die Ansicht, bei der Erklärung der Ermordeten gegenüber der Zeugin habe es sich um ein „statement accompanying an act", nämlich den des Verlassens der Wohnung, gehandelt; das Gericht wies das jedoch mit der Begründung zurück, die Erklärung sei nicht „part of the act of leaving", sondern nur eine „incidental remark" gewesen und daher als Beweis nicht zulässig — a. a. O., S. 172.

[99] *Cross*, a. a. O., S. 395.

[100] 1 Ad. & E. 162; 110 E. R. 1169.

nicht zurückgegeben. Mit der Klage begehrte die Klägerin die Rückgabe des Geldes. In dem Verfahren ging es dann unter anderem um die Frage, ob die Klägerin das, was sie dem Beklagten bei der Aushändigung der Banknoten erklärt hatte, in der Verhandlung als Beweis vorbringen durfte. Das Gericht bejahte das: Die Klägerin müsse dartun, wie der Beklagte in den Besitz des Geldes gekommen sei, und ihre eigene Bemerkung bei der Aushändigung desselben gehöre zu der Übergabehandlung, so daß sie sie ebenfalls unter Beweis stellen könne; da die Tatsache, daß der Beklagte das Geld nicht zurückgegeben habe, die Möglichkeit offen lasse, daß er der Erklärung der Klägerin, wie sie selbst in den Besitz des Geldes gekommen sei, nicht geglaubt habe, könne diese durch den Beweis eben jener Bemerkung zeigen, „whether or not, she had obtained the money fairly."[101]

Da die letztere, aus der Entscheidung zitierte Stelle Anlaß zu folgenschweren Mißverständnissen bieten kann, sei noch einmal ausdrücklich darauf hingewiesen, daß die Klägerin insoweit nur beweisen konnte, die bewußte Erklärung abgegeben zu haben, nicht dagegen auch, daß ihre Bemerkung der Wahrheit entsprochen, sie das Geld also tatsächlich als Geschenk erhalten hatte; denn im letzteren Fall hätte es sich, da die Bemerkung ja die Erklärung eines Dritten — nämlich des Verstorbenen — enthielt, um unzulässigen hearsay evidence gehandelt.[102] Die Geschworenen durften somit für ihre Entscheidung nicht etwa davon ausgehen, daß die Klägerin durch den Beweis der Abgabe ihrer Erklärung gleichzeitig den Beweis dafür erbracht hat, das Geld geschenkt bekommen zu haben; vielmehr durften sie nur die bewiesene Tatsache, daß die Klägerin die Erklärung bei der Aushändigung der Banknoten abgegeben hatte, als Umstand dafür in Betracht ziehen, ob sie ihr glaubten, selbst nicht unrechtmäßig in dem Besitz des Geldes gewesen zu sein.

Diese Unterscheidung zu treffen und den Unterschied insbesondere im Hinblick auf die tatsächlichen Auswirkungen zu erkennen bereitet manchmal einige Schwierigkeiten, und zwar vor allem dem kontinentaleuropäischen Juristen. In dem hier als Beispiel gebrachten Fall muß die Bedeutsamkeit des der Klägerin gestatteten Beweises darin gesehen werden, daß diese damit der Möglichkeit entgegentreten konnte, daß bei der gegebenen Sachlage die erst auf die entsprechende Frage hin erfolgte Aushändigung des Geldes an den Beklagten angesehen wurde als das unausgesprochene Eingeständnis, es selbst unrechtmäßig in Besitz gehabt zu haben.

Abschließend hierzu soll nicht unerwähnt bleiben, daß Fälle der vorstehend beschriebenen Art in der Praxis häufig nur sehr schwer oder sogar überhaupt nicht von denen zu unterscheiden sind, wo der

---

[101] A. a. O., S. 166 bzw. S. 1170.

[102] Entsprechendes gilt für sämtliche Fälle dieser Art.

Beweis der Erklärung eines Dritten als Teil der „res gestae", d. h. als Teil des eigentlichen Tatgeschehens, über das zu befinden ist, zugelassen wird. Über die Zulassung des Beweises in solchen Fällen, insbesondere über die Frage, ob es sich dabei nicht u. U. um eine Ausnahme von der Hearsay Rule handelt, können im Rahmen dieser Arbeit im einzelnen jedoch keine weiteren Ausführungen gemacht werden. Zur näheren Information muß daher insoweit auf das einschlägige englische Schrifttum verwiesen werden.

## 2. DIE FORMEN, IN DENEN DIE ERKLÄRUNGEN DRITTER GEHALTEN SEIN KÖNNEN

Ist im vorangehenden Abschnitt erörtert worden, unter welchen Voraussetzungen im englischen Recht der Beweis einer Erklärung, die eine nicht selbst als Zeuge auftretende Person gegenüber einer als Zeuge auftretenden abgegeben hat, hearsay evidence darstellt und wann nicht, so soll nunmehr aufgezeigt werden, in welchen Formen derartige „Erklärungen" gehalten sein können, deren Beweis hearsay evidence bilden würde. Folgende Möglichkeiten kommen hier in Betracht: a) mündliche Erklärungen, b) schriftliche Erklärungen, c) menschliches Verhalten als „Erklärung".

### *a) Mündliche Erklärungen*

Genau genommen lassen sich für das Gebiet des Hörensagens zwei Arten von mündlichen Erklärungen unterscheiden, die — vielleicht etwas ungenau, doch in Anlehnung an den in der englischen Terminologie verwendeten Begriff — hier ausdrückliche (assertive) und nicht ausdrückliche Erklärungen genannt werden sollen.

#### aa) Ausdrückliche Erklärungen

Unter einer „ausdrücklichen" mündlichen Erklärung ist in diesem Zusammenhang eine solche Erklärung zu verstehen, in der der Erklärende bewußt genau das zum Ausdruck gebracht hat, was durch den Beweis des Inhalts eben dieser Erklärung gerade bewiesen werden soll. Dies mag durch folgendes verdeutlicht werden: B hat dem A erklärt, daß C einen Betrug zum Nachteil des D begangen habe. Würde in dem Strafverfahren gegen C wegen des Betruges die Erklärung des B durch das Zeugnis des A in das Verfahren als Beweis dafür eingeführt werden, daß der C den behaupteten Betrug begangen hat, so würde es sich bei dieser Erklärung des B entsprechend dem vorher Gesagten um eine solche ausdrückliche mündliche Erklärung handeln.

Es bedarf wohl keiner weiteren Ausführungen, daß die Wiedergabe der in dieser Form gehaltenen Erklärungen Dritter, wenn sie dem

Beweis des Inhalts derselben dienen soll, hearsay evidence im Sinne des vom Privy Council gegebenen und eingangs zitierten statement of the law darstellt.

bb) Nicht ausdrückliche Erklärungen

Welche Erklärungen hiermit gemeint sind, folgt bereits aus der Umkehrung dessen, was unter ausdrücklichen Erklärungen zu verstehen ist. Hierzu das von *Cross* angeführte Beispiel: In einem Verfahren geht es um die Frage, ob X an einem bestimmten Ort gewesen ist; seine Anwesenheit dort soll bewiesen werden durch das Zeugnis des A, daß er irgend jemanden an dem betreffenden Ort habe sagen hören: „Hallo X!“[103, 104]

Dem A ist somit von der betreffenden Person nicht bewußt und ausdrücklich genau das erklärt worden, was dann Gegenstand des Beweises ist, nämlich die Tatsache, daß sich X an dem Ort aufgehalten hat. Dennoch kann kein Zweifel bestehen, daß bei dieser Sachlage die von einer Person an einem bestimmten Ort gesprochenen Worte „Hallo X“ der ausdrücklichen Erklärung jener Person „X ist hier“ gleichzusetzen sind. Die Wiedergabe der letzteren durch eine andere Person als die, die sie abgegeben hat, zu dem Zweck, die Anwesenheit des X an jenem Ort zu beweisen, bildet jedoch ganz zweifellos hearsay evidence; in bezug auf die nicht ausdrücklichen, doch letztlich dasselbe besagenden Erklärungen kann nun nichts anderes gelten.[105]

cc) Übersetzungen durch Dolmetscher

Unabhängig von der immerhin möglichen, aber im Hinblick auf ihre tatsächlichen Auswirkungen auf die Hearsay Rule letzten Endes doch relativ bedeutungslosen Unterscheidung zwischen ausdrücklichen und nicht ausdrücklichen Erklärungen gibt es gewisse mündliche Erklärungen, deren besondere Erwähnung im Zusammenhang mit dem Beweis vom Hörensagen erforderlich erscheint, nämlich solche Erklärungen, die von einem Dolmetscher in eine andere Sprache übersetzt worden sind.

---

[103] Dieses Beispiel entspricht in seinen Grundzügen dem vom Privy Council entschiedenen Fall Teper v. R., [1952] A. C. 480.

[104] *Cross*, Evidence, S. 384 und folgende; er unterscheidet — soweit ersichtlich — als einziger diese Arten von Erklärungen; er bringt dies allerdings zusammenhängend mit den mündlichen und schriftlichen Erklärungen einerseits sowie dem menschlichen Verhalten als Erklärung andererseits: „... statements which were not intended by their maker to be assertive of the fact they are tendered to prove, and non-verbal conduct not intended to be assertive of the fact it is tendered to prove.“

[105] In dem Fall Teper v. R., [1952] A. C. 480, hat der Privy Council einen Beweis dieser Art als hearsay evidence zurückgewiesen, nachdem er auch die Voraussetzungen einer ausnahmsweisen Zulassung verneint hatte.

Die Frage, ob es sich bei der Wiedergabe der übersetzten Erklärung zu dem Zweck, ihren Inhalt unter Beweis zu stellen, um unzulässiges hearsay handelt, erhob sich vor allem in den Fällen, in denen ein Beschuldigter nur mit Hilfe eines Dolmetschers gegenüber einem Polizeibeamten Erklärungen bezüglich des ihm Vorgeworfenen abgegeben, insbesondere Zugeständnisse gemacht oder ein Geständnis abgelegt hatte, über die dann der Polizeibeamte in dem Verfahren als Zeuge vernommen werden sollte.[106] Dies wurde definitiv in der Entscheidung R. v. Attard[107] bejaht. Der Richter folgte den Argumenten der Verteidigung, daß in einem derartigen Fall die Aussage des Polizeibeamten unzulässigen hearsay evidence darstelle, da weder der Polizeibeamte noch der Beschuldigte einander oder das hätten verstehen können, was der Dolmetscher jeweils zu dem einen oder dem anderen gesagt habe, und daß daher allein der Dolmetscher als Zeuge auftreten dürfe.[108]

### *b) Schriftliche Erklärungen*

Spätestens im Jahre 1836 ist durch die bereits zitierte Entscheidung Stobart v. Dryden[109] endgültig klargestellt worden, daß der Beweis einer schriftlichen Erklärung eines Dritten unter denselben Voraussetzungen hearsay evidence bildet wie der einer mündlichen Erklärung; diese Ansicht wird auch im englischen Schrifttum einhellig vertreten.[110] Infolgedessen treffen die oben in bezug auf die münd-

---

[106] Die Frage, ob unzulässiges hearsay oder nicht, stellte sich deshalb gerade in diesen Fällen, weil hier der Versuch des Anklägers nahe lag, durch das Zeugnis des Vernehmungsbeamten die zwischen diesem und dem Beschuldigten geführte Unterhaltung bzw. die von dem letzteren gemachten Zugeständnisse (admissions) oder dessen Geständnis (confession) über den Weg zulässiger Ausnahmen von der Hearsay Rule als Beweis in das Verfahren einzuführen.

[107] (1958) 43 Cr. App. R. 90.

[108] Auf Grund dieser Entscheidung sandte das Home Office auf Anregung des Director of Public Prosecutions an die leitenden Polizeioffiziere ein Rundschreiben mit dem Inhalt, daß „it will be necessary in similar cases in the future to ensure that the interpreter is available to give evidence as to oral statements made by the accused, as is already done in the case of written statements. It will be desirable that, whenever practicable, the interpreter should make his own notes of the interview for use in the event of his being called to give evidence. Failing this, the interpreter should be asked to initial the record of the interview made in the notebook of the police officer conducting the interview, so that it can be used by the interpreter to refresh his memory when giving evidence." — Abgedr. in 43 Cr. App. R. 93.

[109] 1 M. & W. 615; 150 E. R. 581; vgl. oben, S. 24 f.

[110] *Baker*, Hearsay Rule, S. 1; *Cross*, a. a. O., S. 382; *Halsbury*'s Laws of England, Vol. 15, Nr. 533; *Kenny*'s Outlines, § 568; *Phipson*, Evidence,

lichen Erklärungen gemachten Ausführungen auch hinsichtlich der schriftlichen zu, so daß — um Wiederholungen zu vermeiden — hier insoweit auf jene verwiesen werden darf.[111]

Ergänzend ist noch zu erwähnen, daß auch in den Fällen, in denen überhaupt kein Zeuge aussagt, wo aber öffentliche Urkunden (public documents), wie z. B. Geburts-, Heirats- oder Sterbeurkunden, vorgelegt werden, diese Vorlage hearsay evidence darstellt, wenn sie zu dem Zweck erfolgt, dadurch den Beweis für die beurkundete Tatsache zu erbringen.[112]

### c) *Menschliches Verhalten als „Erklärung“*

Schließlich gibt es noch eine dritte Form, in der eine Person etwas zum Ausdruck bringen kann, nämlich durch ihr Verhalten.

Es kann kein Zweifel darüber bestehen, daß ein Mensch statt durch geschriebene oder gesprochene Worte auch allein durch sein Verhalten sich in einer bestimmten Weise ausdrücken, etwas Bestimmtes „erklären“ kann. Man denke beispielsweise nur daran, daß jemand, statt auf eine Frage mit „ja“ zu antworten, bejahend mit dem Kopf nickt. Es kann nicht ernsthaft bestritten werden, daß dieses Nicken unter solchen Umständen in seiner Aussage dem gesprochenen oder geschriebenen „Ja“ entspricht. Während nun in der Rechtslehre auf Grund der eindeutigen Rechtsprechung ohne Ausnahme die Ansicht vertreten wird, daß bei Vorliegen der geschilderten Voraussetzungen der Beweis einer mündlichen wie auch der einer schriftlichen Erklärung hearsay evidence bildet, besteht diese Einigkeit nicht hinsichtlich der Frage, ob auch der Beweis einer solchen „Erklärung“, die aus einem bestimmten Verhalten einer Person abgeleitet wird, hearsay evidence darstellt. *Phipson*[113] ist der Meinung, hierbei handele es sich nicht um hearsay, sondern um einen opinion evidence, der allerdings unter diesen Umständen ebenfalls unzulässig sei. Dabei erwähnt er jedoch nicht einmal Fälle der Art, daß beispielsweise jemand mit dem Kopf

---

RdNr. 631; *Nokes,* Cockle's Cases..., erklärt einmal (S. 170), daß bei schriftlichen Erklärungen eine der Hearsay Rule *ähnliche* Regel Anwendung finde, während er an anderer Stelle (S. 174, Anm. zu Stobart v. Dryden) ausdrücklich darauf hinweist, daß die Hearsay Rule ebenso bei schriftlichen Erklärungen anzuwenden sei.

[111] Nicht zugestimmt werden kann der von *Newman,* Engl.-Amerik. Beweisrecht, S. 64, und möglicherweise auch von *Nokes* (siehe Anm. 110) vertretenen Ansicht, daß bei schriftl. Erklärungen Dritter nur eine der Hearsay Rule *ähnliche* Regelung gelte. Für diese Ansicht findet sich weder in der sonstigen Literatur noch in der Rechtsprechung irgendeine Stütze, vielmehr ist genau das Gegenteil der Fall.

[112] Vgl. *Cross,* a. a. O., S. 390; ihre Zulässigkeit hängt davon ab, ob im Einzelfall eine Ausnahme gegeben ist oder nicht.

[113] *Phipson,* a. a. O., RdNr. 636.

nickt, statt mit „ja" zu antworten; er bezieht sich vielmehr nur auf solche Beispiele, wo das Verhalten einer Person, wie *Cross* es ausdrückt[114], ist „not intended to be assertive of the fact it is tendered to prove." *Baker* dagegen vertritt die Ansicht, daß es sich auch insoweit um hearsay handele[115], und beruft sich hierbei auf die für diese Frage als leading decision bezeichnete Entscheidung Wright v. Doe d. Tatham[116], aus der er auch seine Argumente gegen die Meinung von *Phipson* herleitet.

Während *Nokes*[117] zu der Frage im einzelnen überhaupt keine Stellung nimmt, sondern es bei dem Hinweis beläßt, daß die für mündliche Erklärungen geltende Rule „perhaps to evidence of conduct, which may sometimes be regarded as constituting hearsay", Anwendung finde, hat *Cross*[118] keinerlei Zweifel, daß solche Fälle, in denen jemand z. B. seine Zustimmung durch ein bejahendes Nicken mit dem Kopf „erklärt", jenen völlig gleichzusetzen seien, wo diese Zustimmung durch ein mündliches oder schriftliches „Ja" zum Ausdruck gebracht werde.[119]

Diesen Standpunkt vertritt *Cross* jedoch nicht so uneingeschränkt auch hinsichtlich der Fälle des „non-verbal conduct not intended to be assertive of the fact it is tendered to prove", d. h. der Fälle, wo ein bestimmtes Verhalten einer Person als Beweis für die Richtigkeit dessen, was durch das Verhalten „erklärt" worden sei, gelten soll, obwohl die Person ursprünglich nicht bewußt und ausdrücklich durch ihr Verhalten gerade das hat „erklären" wollen.[120] Er ist zwar ebenfalls der Ansicht, daß durch die Entscheidung Wright v. Doe d. Tatham[121], insbesondere durch das dort verkündete judgment von Baron *Parke*[122], klargestellt sei, daß auch insoweit das Verhalten eines Menschen die Grundlage für hearsay bilden könne. Darüber hinaus meint *Cross* jedoch, daß die von *Parke, B.*, in Wright v. Doe d. Tatham vertretene Ansicht nur schwer mit der von diesem in dem Fall Stobart v. Dryden[123] geäußerten zu vereinbaren sei; dort habe der

---

[114] A. a. O., S. 384.

[115] *Baker*, a. a. O., S. 3 ff.

[116] (1834) 7 A. & E. 313; 112 E. R. 488 (Exchequer Chamber); bestätigt vom House of Lords: (1838) V Cl. & F. 670; 7 E. R. 559 (sub. nom. Wright v. Tatham); auf diese Entscheidung wird später noch näher eingegangen.

[117] In: *Cockle*'s Cases . . ., S. 170.

[118] *Cross*, a. a. O., S. 386.

[119] Siehe hierzu die Entscheidung des Judicial Committee of the Privy Council in Chandarasekera v. R., (1936) 30 Cox C. C. 546, in der die von einer tödlich verwundeten Frau gegebenen Zeichen, die zur Identifizierung des Täters geführt hatten, als Beweis zugelassen worden sind.

[120] A. a. O., S. 386 ff.

[121] Vgl. Anm. 116.

[122] 7 A. & E. 313 (382 ff.); 112 E. R. 488 (514 ff.).

[123] Siehe oben, S. 24 f.

Richter die Unterschrift eines Zeugen unter die betreffende Urkunde als Beweis mit der Begründung zugelassen, daß das Unterschreiben durch den Zeugen nicht als dessen „Erklärung“, die Urkunde sei ordnungsgemäß ausgestellt worden, betrachtet werde, sondern um dadurch

> "to shew the fact that he put his name in that place and manner, in which in the ordinary course of business he would have done, if he had actually seen the deed executed."[124]

Dieser Ansicht, den Beweis der Unterschrift nur als den Beweis eines Faktums anzusehen, hält Cross entgegen,

> "it is difficult to see why a statement that a document was duly executed is not to be implied from the fact that the attesting witness put his name in the appropriate place".[125]

Er behauptet im weiteren, in früheren entsprechenden Fällen sei schließlich so verfahren worden, ohne daß man einen solchen Beweis als unzulässig ausgeschlossen habe. Somit stünden die von ***Parke, B.***, in dem Fall Stobart v. Dryden gemachten Ausführungen im Gegensatz zu denen in der Entscheidung Wright v. Doe d. Tatham; die Lösung für diesen Widerspruch, so meint *Cross*, könne darin gefunden werden, grundsätzlich „the admissibility of evidence of an attesting witness's handwriting for the purpose of proving due execution of a document“ als eine Ausnahme von der Hearsay Rule zu behandeln.[126]

In diesem Zusammenhang, so führt *Cross* unter Berufung auf die Entscheidung The Aylesford Peerage Claim[127] und einige andere Urteile dann weiter aus[128], müsse fernerhin eine Ausnahme von der Hearsay Rule auch bei den Status-Klagen bejaht werden, da entgegen den in Wright v. Doe d. Tatham niedergelegten Grundsätzen in diesen Fällen „evidence of the treatment of a child is received as something tending to prove its illegitimacy“, während eine mündliche oder schriftliche Erklärung desselben Inhalts unzulässig sei. *Cross* behauptet schließlich, daß es insoweit außer den beiden genannten Ausnahmen weitere in zahlreichen anderen Fällen gebe — ohne dies allerdings durch irgendeine Entscheidung zu belegen —, und kommt zu dem Schluß, daß man infolgedessen besser argumentieren könne, „that the hearsay rule has no application to conduct not intended to be assertive“[129]; mit Rücksicht auf die Entscheidung Wright v. Doe d. Tatham hält er es aber für eine Alternative,

---

[124] 1 M. & W. 615 (624); 150 E. R. 581 (584).

[125] *Cross*, a. a. O., S. 388.

[126] *Cross*, a. a. O.

[127] (1885) 11 A. C. 1.

[128] *Cross*, a. a. O., S. 388 f.; vgl. seine Hinweise auf die Rspr. in n. 3, S. 386.

[129] *Cross*, a. a. O., S. 389.

"to hold that the hearsay rule only applies to non-assertive conduct when the assertion to be implied from it is an assertion of opinion."[130]

Tatsächlich stützt nach Ansicht des Verfassers das als Grundsatzentscheidung anzusehende Erkenntnis in Wright v. Doe d. Tatham[131], insbesondere das dort verkündete judgment von Baron *Parke*, die Meinung, daß auch der Beweis einer „Erklärung", die aus einem nicht ausdrücklichen Verhalten eines Menschen gefolgert wird, hearsay evidence bildet: In jenem Fall ging es darum, ob ein Erblasser zu einer bestimmten Zeit im Vollbesitz seiner Geisteskräfte gewesen war. Als Beweis wurden drei Briefe angeboten, die in der fraglichen Zeit von verschiedenen, inzwischen ebenfalls verstorbenen Personen an den ihnen gut bekannt gewesenen Erblasser geschrieben worden waren. Mit Hilfe dieser Briefe, aus denen klar hervorging, daß die Schreiber den Adressaten für einen völlig vernünftigen Menschen gehalten hatten, wollte die Partei beweisen, wie der Erblasser „was treated by persons well acquainted with him."

Mit jenem Rechtsstreit waren insgesamt drei verschiedene Gerichte befaßt, nämlich der Court of King's Bench, dann der Court of Exchequer Chamber und schließlich auch noch das House of Lords[132], und von allen sind letztlich die Briefe als Beweismittel für unzulässig erklärt worden.[133] Das in der Entscheidung des Court of Exchequer Chamber enthaltene judgment von *Parke, B.*,[134] enthält ganz unmißverständliche Ausführungen bezüglich des hier aufgeworfenen Problems; dort heißt es u. a.:

"... the question is, whether the contents of these letters are evidence of the fact to be proved upon this issue, — that is, the actual existence of the qualities which the testator is, in those letters, by implication, stated to possess: and those letters may be considered in this respect to be on the same footing as if they had contained a direct and positive statement that he was competent. For this purpose they are mere hearsay evidence, statements of the writers, not on oath, of the truth of the matter in question, with this addition, that they have acted upon the statements on the faith of their being true, by their sending the letters to the testator. That the so acting cannot give a sufficient sanction for the truth of the statement is perfectly plain; for it is clear that, if the same statements

---

[130] *Cross*, a. a. O., S. 390.

[131] Vgl. oben, Anm. 116.

[132] Näheres zur Prozeßgeschichte bei *Baker*, Hearsay Rule, S. 4 ff.

[133] Die teilweise abweichende Ansicht verschiedener Richter steht überwiegend mit einer anderen dabei aufgeworfenen — hier nicht weiter interessierenden — Frage im Zusammenhang, nämlich ob die Briefe „had been acted upon by the testator" und ob sie deswegen als Beweis zulässig seien.

[134] Baron *Parke* wirkte später auch bei der Entscheidung des House of Lords mit, das das Urteil des Court of Exchequer Chamber bestätigte.

had been made by parol or in writing to a third person, that would have been insufficient".[135], [136]

Berücksichtigt man nun die Tatsache, daß der Richter die obigen Ausführungen nicht nur gelegentlich der Erörterung eines im wesentlichen ganz anderen Problems, sondern zur Begründung der Entscheidung genau dieser Frage gemacht hat, daß es sich folglich nicht um ein obiter dictum handelt, und beachtet man ferner, daß diese Entscheidung nie infolge eines entgegenstehenden späteren Urteils ihre Eigenschaft als Präjudiz verloren hat, so ist nach Ansicht des Verfassers auf Grund dieses judgment von Baron *Parke* nur der Schluß gerechtfertigt, daß es geltendes Recht ist, daß auch der Beweis einer in einem nicht ausdrücklichen menschlichen Verhalten liegenden „Erklärung" grundsätzlich hearsay evidence darstellt.[137]

## III. Die Formulierung der Hearsay Rule

Vorstehend ist im einzelnen dargelegt worden, unter welchen Voraussetzungen der Beweis welcher Erklärungen nach dem durch die Rechtsprechung entwickelten geltenden Recht hearsay evidence bildet und welchen Inhalt demzufolge die Hearsay Rule eben durch diese Rechtsprechung erhalten hat. Nunmehr soll aufgezeigt werden, in welche Worte die englischen Rechtswissenschaftler die Rule gefaßt, wie sie sie formuliert haben.

Da die einzelnen Autoren — wie bereits gesagt[138] — grundsätzlich bei ihren Bemühungen um die Formulierung von dem Inhalt der Hearsay Rule ausgehen, wie er durch die auf diesem Gebiet ergangenen Entscheidungen der Gerichte bestimmt worden ist, erklärt es sich, daß die von ihnen gewählten Fassungen im wesentlichen alle

---

[135] 7 A. & E. 313 (385 f.); 112 E. R. 488 (515); *Parke, B.*, führt dann weitere Beispiele an, wo ein derartiger Beweis schon auf den ersten Blick demselben Einwand ausgesetzt sei: „... the supposed conduct of the family or relations of a testator, taking the same precautions in his absence as if he were a lunatic; his election, in his absence, to some high and responsible office; the conduct of a physician who permitted a will to be executed by a sick testator; the conduct of a deceased captain on a question of seaworthiness, who, after examining every part of the vessel, embarked in it with his family; all these, when deliberately considered, are, with reference to the matter in issue in each case, mere instances of hearsay evidence, mere statements, not on oath, but implied in or vouche by the actual conduct of persons by whose acts the litigant parties are not to be bound."

[136] Im House of Lords berief sich *Parke, B.*, auf seine in der Vorinstanz gemachten Ausführungen — vgl. V Cl. & F. 670 (735); 7 E. R. 559 (582).

[137] So auch *Baker*, a. a. O., S. 6, mit weiteren Nachweisen (S. 3); *Kenny*'s Outlines, § 568.

[138] Vgl. oben, S. 13.

dasselbe besagen.[139, 140] Sie unterscheiden sich hauptsächlich nur in dem Ausmaß des Differenzierens.

Während es bei *Halsbury*[141] heißt, es sei eine allgemeine rule, daß

> "a statement made by a person not called as a witness is inadmissible to prove the truth of the fact stated",

drückt sich *Phipson*[142] wie folgt aus:

> "Oral or written statements made by persons who are not parties and are not called as witnesses are inadmissible to prove the truth of the matters stated".

*Baker*[143] schließlich erklärt, daß hearsay evidence unzulässig sei, wobei er „hearsay" dahin definiert, daß es

> "consists of out-of-court assertions of persons who are not called as witnesses offered as proof of the truth of the matters contained therein. ... assertions may be made either by word of mouth, or by writing, or by conduct."

Die von *Baker* gegebene Definition ist insofern nicht ganz eindeutig und kann damit Anlaß zu Mißverständnissen geben, als er von „out-of-court"-Erklärungen spricht. Nach dieser Formulierung scheint nämlich nur der Beweis solcher Erklärungen hearsay evidence bilden zu können, die außerhalb eines gerichtlichen Verfahrens abgegeben worden sind. Dem steht jedoch eine gefestigte, unmißverständliche Rechtsprechung entgegen, z. B. in R. v. Eriswell[144], R. v. Nuneham Courtney[144] und R. v. Ferry Frystone[144]; denn die Richter haben es stets ausdrücklich abgelehnt, eine Ausnahme von der Hearsay Rule für solche statements zuzulassen, die in einem früheren gerichtlichen Verfahren unter Eid abgegeben worden waren. Eine Ausnahme von der Hearsay Rule zu machen kann aber überhaupt nur dann in Betracht gezogen werden, wenn die Rule tatsächlich Anwendung findet.

Diese Rechtsprechung ist auch *Baker* bekannt, denn er zitiert selbst — wenn auch in einem anderen Zusammenhang[145] — zumindest die

---

[139] Bei *Archbold,* Crim. Pleading, § 1071, findet sich allerdings nur die völlig indifferente und damit alles und nichts sagende Formel: "It is a general rule that hearsay is no evidence."

[140] Die bei *Phipson,* Evidence, RdNr. 631, zu findende ausdrückliche Beschränkung auf mündliche und schriftliche Erklärungen ist durch dessen Ansicht bezüglich der in einem Verhalten liegenden „Erklärung" bedingt — vgl. oben, S. 36 f.

[141] Laws of England, Vol. 15, Nr. 533.

[142] Siehe Anm. 140.

[143] *Baker,* a. a. O., S. 1.

[144] Siehe oben, S. 21, Anm. 51.

[145] *Baker,* a. a. O., S. 98 und 101, führt sie an im Zusammenhang mit der Ausnahme von der rule bei declarations as to pedigree.

Entscheidung R. v. Eriswell; es kann ihm daher kaum unterstellt werden, daß er hearsay in der Tat nur in den Fällen für gegeben ansieht, in denen die betreffenden Erklärungen außerhalb irgendeines gerichtlichen Verfahrens abgegeben worden sind. Man darf wohl annehmen, daß *Baker* hier unter „out-of-court assertions" nur solche Erklärungen verstanden wissen will, die außerhalb desjenigen Gerichtsverfahrens abgegeben worden sind, in dem sich gerade die Frage erhebt, ob der Beweis der Erklärung hearsay evidence bildet oder nicht. Dann ist allerdings — wie gesagt — seine Definition des hearsay insofern ungenau bzw. nicht ganz eindeutig.

Am eindeutigsten von allen Autoren hat *Cross*[146] die Hearsay Rule in Worte gefaßt:

> "Express or implied assertions of persons other than the witness who is testifying and assertions in documents produced to the Court when no witness is testifying are inadmissible as evidence of the truth of that which was asserted."

Diese Fassung zeigt, daß *Cross* die im Hinblick auf die Hearsay Rule als solche vorhandene Rechtsprechung nicht nur im wesentlichen ausgewertet, sondern auch im einzelnen bereits in seiner Formulierung weitestgehend berücksichtigt hat. Seine Formel bringt das insoweit geltende Recht so vollständig und auch klar zum Ausdruck, wie es in dieser Krüze prägnanter nicht möglich ist. Deshalb soll hier auch von dem Versuch einer eigenen Formulierung der Hearsay Rule Abstand genommen werden, die sich — wenn man das geltende Recht berücksichtigen will — notwendigerweise in einer Paraphrasierung der von *Cross* gebrachten Fassung erschöpfen würde.

## IV. Die Gründe für den Ausschluß des Hearsay

Die Beschäftigung mit der Hearsay Rule führt naturgemäß auch zu der Frage, auf welchen Gründen im englischen Recht die grundsätzliche Unzulässigkeit des Beweismittels des Hörensagens beruht.

Bei *Archbold*[147] werden nur zwei Gründe als maßgeblich für den Ausschluß des hearsay evidence genannt, und zwar ist danach ausschlaggebend einmal, daß das, „what the other person said was not put on oath", und zum anderen, daß „the party who is to be affected by it had no opportunity of cross-examining him". Diese Feststellung ist nicht etwa falsch; sie kann jedoch in dieser Form auch nicht als ganz zutreffend bezeichnet werden, jedenfalls dann nicht, wenn sie dahin verstanden werden soll, daß die beiden aufgezählten Gründe die einzigen für den Ausschluß von hearsay bilden. Es kann heute

---

[146] *Cross,* Evidence, S. 390.

[147] *Archbold,* Crim. Pleading, § 1071.

wohl als eine überwiegend gefestigte Erkenntnis in der englischen Rechtswissenschaft angesehen werden, daß der durch die Rechtsprechung entwickelte, in der Hearsay Rule verankerte Grundsatz der rechtlichen Unzulässigkeit des Beweises vom Hörensagen nicht zwangsläufig aus einem einzelnen oder auch aus zwei Argumenten folgt, vielmehr seine Rechtfertigung in dem Zusammenwirken von Gründen der verschiedensten Art findet.[148]

*Baker* führt insgesamt nicht weniger als zehn Punkte auf, die seiner Behauptung nach im Laufe der Zeit von verschiedenen Seiten in Entscheidungen oder Lehrbüchern als Gründe für den Ausschluß von hearsay vorgebracht worden sind.[149] Einige der Punkte bedürfen hier keiner weiteren Erörterung, da sie als Rechtfertigungsgründe für das Prinzip der Unzulässigkeit des hearsay evidence einfach als zu weit hergeholt erscheinen.[150] Dagegen kommt den übrigen, von anderen Autoren[151] ebenfalls erwähnten Argumenten — wenn sie auch nicht in jedem Fall aufrechtzuerhalten sein mögen — mehr Bedeutung zu, so daß ein näheres Eingehen auf sie erforderlich ist. Im einzelnen handelt es sich dabei um folgende Gründe:

1. Irrelevanz des hearsay evidence,
2. Verzögerung des Verfahrens,
3. Gefahr der Veränderung der ursprünglichen Erklärung durch die Wiederholung,
4. Irreführung der Jury,
5. die ursprüngliche Erklärung ist nicht unter Eid abgegeben worden,
6. keine Möglichkeit zum Kreuzverhör.

## 1. IRRELEVANZ DES HEARSAY EVIDENCE

Sowohl *Baker*[152] als auch *Phipson*[153] und *Cross*[154] weisen in ihren Ausführungen darauf hin, daß früher einzelne englische Rechtswissenschaftler die Hearsay Rule damit zu begründen versucht hätten, daß das Hörensagen für die eigentliche, zur Entscheidung anstehende Frage irrelevant und deshalb unzulässig sei. Selbst der Court of

---

[148] So z. B. *Baker,* a. a. O., S. 18 ff. (insb. S. 24); *Cross,* a. a. O., S. 382; *Halsbury*'s Laws of England, Vol. 15, Nr. 534; *Kenny*'s Outlines, § 568; *Newman,* a. a. O., S. 63; *Phipson,* a. a. O., RdNr. 638.

[149] *Baker,* a. a. O., S. 18.

[150] So sind z. B. als Gründe genannt worden: die dem hearsay inhärente Schwäche; die Zulassung von hearsay unterstütze die Ersetzung besseren Beweises durch schwächeren; der Ausschluß von hearsay schütze die Parteien vor Überraschungen im Verfahren und vor Vorurteilen; usw.

[151] Siehe oben, Anm. 148.

[152] A. a. O., S. 13 ff. und 18 f.

[153] A. a. O., RdNr. 639.

[154] A. a. O., S. 382.

Criminal Appeal hat in einer jüngeren Entscheidung[155] einmal einen Beweis mit der Begründung zurückgewiesen, als hearsay evidence sei er „completely irrelevant to any issue in this prosecution" bzw. „irrelevant to any question arising in this prosecution"[156], obwohl jener Beweis tatsächlich keineswegs unerheblich gewesen wäre.

Daß diese Ansicht irrig — um nicht zu sagen abwegig — ist und daß ihr nicht beigepflichtet werden kann, liegt auf der Hand[157]; denn es kann kaum ernsthaft bestritten werden, daß auch ein Beweis vom Hörensagen für die Entscheidung außerordentlich erheblich sein kann. Dafür bietet der Fall R. v. Thomson[158] ein sehr anschauliches Beispiel: Der Angeklagte wurde wegen Abtreibung angeklagt; die Frau war einige Tage nach dem an ihr vorgenommenen Eingriff gestorben, allerdings nicht infolge des Eingriffs. Die Verteidigung des Angeklagten ging dahin, daß die Frau den Eingriff selbst ausgeführt habe; zum Beweis hierfür berief sie sich auf das Zeugnis einer Belastungszeugin; ihr habe die Verstorbene vor der Tat erzählt, daß sie den Eingriff eigenhändig an sich vornehmen wolle, und nach der Tat, daß sie ihn tatsächlich auch selbst ausgeführt habe. Die Zulassung dieses hearsay evidence wurde mit der Begründung gefordert, einer

> "accused person should be allowed to prove any defence he sets up by any relevant evidence that he can prove, and this evidence was of the first importance."[159]

Obwohl dieser Beweis in dem Fall ersichtlich eine entscheidende Bedeutung für das Erkenntnis gehabt haben könnte, hat ihn der Court of Criminal Appeal zurückgewiesen, weil seiner Meinung nach — so verlockend die Argumentation der Verteidigung auch sei —

> "there is no principle upon which this evidence is admissible any more than any other hearsay evidence."[160]

Im Grunde genommen vertritt die Rechtsprechung praktisch seit der Geltung der Hearsay Rule den Standpunkt, daß hearsay evidence im höchsten Maße relevant sein könne und er dennoch unzulässig sei[161]; dies ist — worauf *Baker* zutreffend hinweist[162] — schon in der

---

155 R. v. Gordon and Spencer, (1958) 42 Cr. App. R. 177.

156 A. a. O., S. 181 und 182.

157 So auch *Baker*, a. a. O., S. 19; *Cross*, a. a. O., S. 382; *Kenny*'s Outlines, § 568; *Phipson*, a. a. O., RdNr. 639.

158 (1912) 23 Cox C. C. 187 (C. C. A.).

159 A. a. O., S. 188.

160 Vgl. auch die Entscheidungen R. v. Parker, (1960) 45 Cr. App. R. 1, und insbesondere Sparks v. R., [1964] Crim. L. R. 298 (Judicial Committee of the Privy Council) mit Anm. von *Smith*.

161 Dem oben zitierten Fall R. v. Gordon and Spencer kann als vereinzelter Entscheidung insoweit keine besondere Bedeutung beigemessen werden.

162 *Baker*, a. a. O., S. 13 f.

Entscheidung Wright v. Doe d. Tatham[163] unmißverständlich ausgeführt worden:

"By the rules of evidence established in the Courts of Law, circumstances of great moral weight are often excluded, from which much assistance might in particular cases be afforded in coming to a just conclusion".[164]

Mag somit zwar vereinzelt Irrelevanz als Argument für die Rechtfertigung der Hearsay Rule angeführt worden sein, so wird heute jedenfalls — soweit ersichtlich — diese Ansicht von keinem Rechtswissenschaftler mehr vertreten. Man ist sich vielmehr einig, daß Irrelevanz des hearsay evidence weder für sich alleine noch auch nur in Verbindung mit anderen Gründen als Grundlage für die Unzulässigkeit dieses Beweismittels in Betracht kommt.[165]

## 2. VERZÖGERUNG DES VERFAHRENS

Es ist ohne weiteres vorstellbar, daß durch die Zulassung eines Beweises vom Hörensagen in einem gerichtlichen Verfahren dessen Abschluß hinausgezögert werden könnte. Ist es doch denkbar, daß bei Zulässigkeit derartigen Beweises im konkreten Fall auch solche Tatsachen in das Verfahren eingeführt würden, die allein vom Hörensagen bekannt wären und deshalb auch nur mit Hilfe des Beweismittels des Hörensagens bewiesen werden könnten. Das Vorbringen solcher Tatsachen infolge der Möglichkeit, auf diese Weise den Beweis zu führen, würde dann zwangsläufig in einer mehr oder weniger großen Zahl von Fällen zur Folge haben, daß weitere diesbezügliche Beweise oder vom Gegner angebotene Gegenbeweise erhoben oder gar weitere Ermittlungen durchgeführt werden müßten. All das würde unter diesen Umständen natürlich einen zusätzlichen Zeitaufwand erfordern, einen Zeitaufwand, der gering sein, der möglicherweise das Verfahren jedoch auch beträchtlich verzögern könnte.

Andererseits ist aber ebensogut vorstellbar, daß im Einzelfall ein Verfahren bei Zulässigkeit des hearsay evidence auch einmal erheblich schneller abgewickelt werden könnte, als es bei Ausschluß dieser Beweisart möglich ist. So könnte gegebenenfalls eine vielleicht nur sehr umständlich durchführbare oder eine — beispielsweise wegen der Vernehmung zahlreicher Zeugen — außerordentlich umfangreiche Beweisaufnahme sich erübrigen, würde der Beweis vom Hörensagen zugelassen.

Es kann nicht geleugnet werden, daß die Möglichkeit der Verzögerung eines Verfahrens, die bei genereller Zulässigkeit des hearsay

---

[163] Siehe oben, S. 37, Anm. 116.

[164] 7 A. & E. 313 (375); 112 E. R. 488 (512), per *Bosanquet, J.*

[165] Vgl. hierzu die oben, Anm. 157, angegebenen Fundstellen.

evidence zweifellos bestünde, sich als ein Grund für den allgemeinen Ausschluß dieser Beweisart anbietet, insbesondere, wenn man das vor allem früher oft in den Vordergrund gestellte Anliegen der englischen Rechtspflege berücksichtigt, ein gerichtliches Verfahren möglichst schnell zu einem Abschluß zu bringen. Allerdings kann in der genannten Möglichkeit keinesfalls die entscheidende Begründung für die Hearsay Rule gesehen werden, vielmehr stellt sie schon wegen der oben ebenfalls vorgebrachten Überlegung höchstens einen Grund neben anderen Gründen dar.

## 3. GEFAHR DER VERÄNDERUNG DER URSPRÜNGLICHEN ERKLÄRUNG DURCH DIE WIEDERHOLUNG

Das Argument, hearsay sei deshalb als Beweismittel unzulässig, weil die Wiederholung einer Erklärung durch andere Personen als diejenige, die sie ursprünglich abgegeben habe, mit Ungenauigkeiten, Irrtümern und Fehlern verbunden sein könne, also die Gefahr in sich berge, daß dadurch der Inhalt der Erklärung verändert werde, dieses Argument scheint auf den ersten Blick als Grund für den Ausschluß von hearsay evidence überzeugend zu sein. Die Erfahrung lehrt denn auch, daß die genannte Gefahr keineswegs eine nur theoretische ist, sondern daß in der Praxis sehr häufig eine mündliche Erklärung von Mal zu Mal, d. h. von mündlicher Wiederholung zu mündlicher Wiederholung mehr und mehr, unter Umständen sogar bis zur völligen Entstellung verändert wird, sei es nun durch das Weglassen wesentlicher Punkte, sei es durch Ausschmückungen, Ergänzungen, Übertreibungen und ähnliches. Diese Veränderungen mögen im Hinblick auf ein eventuelles gerichtliches Verfahren sogar unbeabsichtigt oder zumindest ohne jede böswillige Absicht vorgenommen werden, doch sie werden nun einmal vorgenommen, das ist unbestreitbar.

Dennoch vermag auch die in der Wiedergabe der Erklärung eines Dritten liegende Gefahr allein nicht die Hearsay Rule zu rechtfertigen, denn dem steht eine Tatsache entschieden entgegen: Die aufgezeigte Gefahr besteht nur, das unterliegt keinem Zweifel, bei der mündlichen Wiederholung von Erklärungen Dritter, nicht dagegen, wenn ursprünglich schriftlich abgefaßte Erklärungen Dritter zu Beweiszwecken vorgelegt werden. Die Hearsay Rule findet nun aber nicht nur bei mündlichen Erklärungen Anwendung, sondern — wie bereits dargelegt worden ist[166] — gleichermaßen auch bei schriftlichen. Daher ist insoweit der Ausschluß des Hörensagens durch dieses Argument nicht zu erklären.

---

[166] Vgl. oben, S. 35 f., mit den dort angeführten Nachweisen.

## 4. IRREFÜHRUNG DER JURY

Schon in dem vom House of Lords im Jahre 1811 entschiedenen Berkeley Peerage Case[167] ist von dem damaligen Lord Chief Justice *Mansfield* u. a. ausgeführt worden, daß im Gegensatz zu vielen anderen Ländern in England, wo die Geschworenen die einzigen judges of the fact seien,

> "hearsay evidence is properly excluded, because no man can tell what effect it might have upon their minds."[168]

Desgleichen ist die Möglichkeit, daß die Jury durch hearsay evidence bei der Abwägung der Tatsachen in falsche Richtungen geleitet werden könnte, von *Bosanquet, J.*, in der Entscheidung Wright v. Doe d. Tatham[169] zur Rechtfertigung des grundsätzlichen Ausschlusses dieser Beweisart angeführt worden; dieser Richter hat dort in seinem judgment es eine Sache der täglichen Erfahrung genannt, daß im konkreten Fall viele Tatsachen ganz erhebliche Bedeutung für die Findung einer gerechten Entscheidung haben könnten,

> "but which are nevertheless withheld from the consideration of the jury upon general principles, lest they should produce an undue influence upon the minds of persons unaccustomed to consider the limitations and restrictions which legal views upon the subject would impose."[170]

Auch *Nokes*[171] und *Griew*[172] äußern die Bedenken, daß, würde das Beweismittel des Hörensagens generell zugelassen werden, die Geschworenen durch eben solchen Beweis bei der Beurteilung der Fakten fehlgeleitet werden könnten, weil sie als juristische Laien vielfach nicht in der Lage seien — und es von ihnen auch nicht verlangt werden könne —, den Wert eines derartigen Beweises richtig einzustufen und zu beurteilen.

Dieselben Bedenken haben ganz offensichtlich auch den englischen Gesetzgeber bei der Schaffung des Evidence Act von 1938[173] beherrscht. Während er nämlich in diesem Gesetz, das allerdings nur für den Bereich des Zivilrechts gilt, verschiedene schriftliche Erklärungen

---

[167] 4 Camp. 401; 171 E. R. 128.

[168] A. a. O., S. 415 bzw. S. 135.

[169] (1837) 7 A. & E. 313 (375); 112 E. R. 488 (512); vgl. auch oben, S. 45 und S. 37, Anm. 116.

[170] So auch der Court of Queen's Bench in R. v. Bedfordshire (Inhabitants), (1855) 6 Cox C. C. 505 (506): Lord Chief Justice *Campbell* — "The law of England lays down the rule that, on the trial of issues of fact before a jury, hearsay evidence is to be excluded, as the jury might often be misled by it".

[171] *Nokes*, [1965] Crim. L. R. 85 f.

[172] *Griew*, [1965] Crim. L. R. 91 (95).

[173] 1 & 2 Geo. 6 c. 28 (abgedr.: *Halsbury*'s Statutes of England, Vol. 9, S. 626).

Dritter unter bestimmten Voraussetzungen als Beweis über den Weg der Ausnahme von der Hearsay Rule für rechtlich zulässig erklärt, behält er jedoch gleichzeitig dem Richter die Möglichkeit einer gegenteiligen Entscheidung vor, indem er in section 1 (5) u. a. bestimmt,

> "where the proceedings are with a jury, the Court may in its discretion reject the statement notwithstanding that the requirements of this section are satisfied with respect thereto, if for any reason it appears to it to be inexpedient in the interests of justice that the statement should be admitted."[174]

Das Mißtrauen in die Fähigkeit der Geschworenen, einen nur auf Hörensagen gestützten Beweis in jedem Fall richtig zu würdigen, mag zumindest bis zu einem gewissen Grad berechtigt sein; denn es kann tatsächlich kaum bezweifelt werden, daß die Wahrscheinlichkeit, eine u. U. ja sehr diffizile Beweiswürdigung fehlerhaft vorzunehmen, bei ihnen als juristisch ungeschulten Laien erheblich größer ist als bei voll ausgebildeten Juristen. Daher ist der Möglichkeit, daß die Jury auf Grund von falsch gewürdigtem hearsay evidence zu Fehlschlüssen kommen könnte, als Argument für den grundsätzlichen Ausschluß solchen Beweises unbestreitbar einiges Gewicht beizumessen.[175]

Andererseits sollte dieser Punkt in seiner Bedeutung als Rechtfertigung der Hearsay Rule aber auch nicht überschätzt werden. Letztlich vermag er allein ebenfalls nicht den Grundsatz der Unzulässigkeit des hearsay evidence in jeder Hinsicht zufriedenstellend zu begründen.[176] So ist beispielsweise zumindest für das Gebiet des Strafverfahrensrechts dieses Verbot der Berücksichtigung des Hörensagens in seiner Grundsätzlichkeit nicht ganz zu verstehen, wenn man bedenkt, daß in Strafsachen dem Richter nach common law ganz allgemein das Recht zusteht, anderweitig rechtlich zulässigen Beweis im konkreten Fall im Interesse des Angeklagten auszuschließen, falls die Gerechtigkeit das erfordert[177], ja, daß der Richter gegebenenfalls

---

[174] In dem Criminal Evidence Act von 1965 (1965 c. 20 — abgedr.: *Halsbury's* Statutes of England, Vol. 45, S. 352), der dem Evidence Act von 1938 großenteils nachgebildet ist, ist diese Möglichkeit allerdings nicht ausdrücklich vorgesehen. Diese Befugnis steht dem Richter in Strafsachen jedoch ganz allgemein nach common law zu, wie noch ausgeführt wird.

[175] Dazu auch *Baker*, a. a. O., S. 21.

[176] Siehe hierzu auch *Cross*, A Short Reply, [1965] Crim. L. R. 97.

[177] In dem vom House of Lords entschiedenen Fall D. P. P. v. Christie, (1914) 24 Cox C. C. 249 (257), hat z. B. Lord *Moulton* dazu folgendes ausgeführt: "The law is so much on its guard against the accused being prejudiced by evidence which, though admissible, would probably have a prejudicial influence on the minds of the jury which would be out of proportion to its true evidential value, that there has grown up a practice of a very salutary nature, under which the judge intimates to the counsel for the prosecution that he should not press for the admission of evidence which would be open to this objection, and such an intimation from the tribunal

sogar die Pflicht[178] hat, das zu tun. Darüber hinaus würde es schließlich auch eine gewisse Inkonsequenz in der Einstellung zu den Fähigkeiten der Geschworenen bedeuten, wollte man die Möglichkeit der Irreführung der Jury als den entscheidenden Grund für die Unzulässigkeit des hearsay evidence ansehen. Von der Hearsay Rule gibt es zahlreiche Ausnahmen, und in all den Fällen, in denen eine solche Ausnahme gegeben, wo also der Beweis vom Hörensagen zulässig ist, wird darauf vertraut, daß die Geschworenen auch diesen Beweis fehlerfrei zu würdigen verstehen, daß sie den wirklichen Beweiswert nicht verkennen, obwohl die Schwierigkeit der Beweiswürdigung dabei grundsätzlich um nichts geringer ist als in den anderen Fällen. Wenn es sich hierbei auch um Ausnahmen — allerdings zahlreiche Ausnahmen — handelt, so bleibt doch die Tatsache bestehen, daß hier der Jury plötzlich eine Fähigkeit zugetraut wird, deren Vorhandensein im übrigen aber, wenn also keine Ausnahme vorliegt, abgestritten oder wenigstens stark angezweifelt werden soll.[179]

Endlich darf in diesem Zusammenhang auch folgender Umstand nicht vergessen werden: Viele, sehr viele gerichtliche Verfahren werden ohne jede Beteiligung einer Jury durchgeführt, und zwar nicht nur zivilrechtliche, sondern auch Strafverfahren. Die Hearsay Rule als solche gilt aber gleichermaßen für alle Verfahren, gleichgültig, ob nun im Einzelfall Geschworene teilnehmen oder nicht.[180]

Kann somit der Möglichkeit der Irreführung der Jury eine sicherlich nicht unerhebliche Bedeutung für die generelle Ausschließung des hearsay nicht abgesprochen werden, so vermag sie *allein* jedoch die Hearsay Rule aus den genannten Gründen auch nicht zu rechtfertigen.

### 5. DIE URSPRÜNGLICHE ERKLÄRUNG IST NICHT UNTER EID ABGEGEBEN WORDEN

In der Rechtsprechung[181] wie in der Rechtslehre[182] wird seit je neben dem noch zu erörternden Punkt der mangelnden Gelegenheit zum Kreuzverhör als wesentlichstes Moment für den Ausschluß des

---

trying the case is usually sufficient to prevent the evidence being pressed in all cases where the scruples of the tribunal in this respect are reasonable. Under the influence of this practice, which is based on an anxiety to secure for any one a fair trial, there has grown up a custom of not admitting certain kinds of evidence which is so constantly followed that it almost amounts to a rule of procedure."

[178] Vgl. auch Harris v. D. P. P., (1952) 36 Cr. App. R. 39 (54 f.) (House of Lords).

[179] Ähnlich *Cross*, A Short Reply, [1965] Crim. L. R. 97 (98).

[180] *Newman*, Engl.-Amerik. Beweisreicht, S. 33.

[181] Statt zahlloser Entscheidungen: Berkeley Peerage Case, (1811) 4 Camp. 401 (414 f.); 171 E. R. 128 (134); Teper v. R., [1952] A. C. 480 (486).

[182] *Hawkins*, P. C., 7th ed. (1795), Vol. IV, c. 46, s. 46; ders., 8th ed. (1824), Vol. II, c. 46, s. 44; *Archbold*, Crim. Pleading, § 1071; *Baker*, a. a. O.,

hearsay evidence der Grund angesehen, daß die betreffende Erklärung ursprünglich von dem Erklärenden nicht unter Eid abgegeben worden sei. Berücksichtigt man, welches außerordentliche Gewicht dem Eid gerade in der englischen Rechtspflege immer beigemessen worden ist[183] und auch heute noch beigemessen wird[184], dann muß diesem Argument zur Rechtfertigung der Hearsay Rule tatsächlich ganz erhebliche Bedeutung zugesprochen werden.

Dennoch sollten auch hier einige Faktoren nicht übersehen werden, die diese Begründung letzten Endes ebenfalls nicht als eine wirklich und in jeder Hinsicht überzeugende erscheinen lassen, wobei andererseits jedoch auch nicht verkannt werden sollte, daß die englischen Juristen ihr tatsächlich eine ganz wesentliche Bedeutung beilegen. So kommt man beispielsweise nicht um die Feststellung herum, daß von den Gerichten mehrfach der Beweis von Erklärungen Dritter zurückgewiesen worden ist, obgleich sie ursprünglich von dem Erklärenden beeidigt worden waren; in den Entscheidungen R. v. Eriswell (Inhabitants)[185], R. v. Nuneham Courtney (Inhabitants)[186] sowie R. v. Ferry Frystone (Inhabitants)[187] ist es z. B. ausdrücklich von den Richtern abgelehnt worden, eine Ausnahme von der Hearsay Rule bei Erklärungen zu machen, die in einem früheren gerichtlichen Verfahren unter Eid abgegeben worden waren.[188] Hinzu kommt — worauf auch *Baker* hinweist[189] —, daß heute in einem Verfahren durchaus auch unbeeidigte Aussagen zulässig sind und als Beweis verwertet werden dürfen, nämlich die Aussagen von jüngeren Kindern. In diesen Fällen, in denen also nicht einmal in dem anhängigen Verfahren unter Eid ausgesagt zu werden braucht, steht demnach das Fehlen des Eides auch nicht der Zulässigkeit des betreffenden Beweises entgegen. Dessenungeachtet wird aber — wie schon gesagt — dieser Grund in der Rechtslehre wie in der Rechtsprechung als einer der wesentlichsten Gründe zur Rechtfertigung der Hearsay Rule angesehen.

## 6. KEINE MÖGLICHKEIT ZUM KREUZVERHÖR

Schließlich bleibt von den zur Rechtfertigung der Hearsay Rule vorgebrachten Argumenten als letztes das zu erörtern, daß das Beweismittel des Hörensagens unzulässig sei, weil die Richtigkeit der

---

S. 24; *Halsbury*'s Laws of England, Vol. 15 Nr. 534; *Kenny*'s Outlines, § 568; *Phipson,* a. a. O., RdNr. 638.

[183] Hierzu *Baker,* a. a. O., S. 21 f.

[184] Man denke z. B. daran, daß selbst der Angeklagte, falls er aussagen will, unter Eid aussagen muß.

[185] (1790) 3 T. R. 707; 100 E. R. 815.

[186] (1801) 1 East 373; 102 E. R. 144.

[187] (1801) 2 East 54; 102 E. R. 289.

[188] Vgl. auch oben, S. 21, Anm. 51.

[189] *Baker,* a. a. O., S. 22.

auf Hörensagen beruhenden Erklärung nicht durch die Vernehmung des eigentlichen Urhebers der betreffenden Erklärung im Kreuzverhör überprüft werden könne.

Die außerordentliche Bedeutung, die diesem Grund — zusammen mit dem des Fehlens eines Eides — sowohl von der englischen Rechtslehre[190] als auch von der Rechtsprechung[191] beigemessen wird, ist vor allem aus der Eigentümlichkeit des angelsächsischen Verfahrenssystems heraus zu verstehen. Einer der wohl wesentlichsten Bestandteile des englischen Prozeßrechts ist das unverbrüchliche Recht jeder Partei, einen gegnerischen Zeugen in das Kreuzverhör zu nehmen, um die Glaubhaftigkeit seiner Aussage und u. U. auch seine Glaubwürdigkeit zu erschüttern oder zu widerlegen. Dieses Recht steht den Parteien gleichermaßen in den zivilen Rechtsstreitigkeiten wie in den ebenfalls von dem Verhandlungsgrundsatz und der Dispositionsmaxime beherrschten Strafverfahren zu; es wird in dem Verfahrenssystem als ein wichtiger, wenn nicht sogar als der wichtigste Faktor zur Ermittlung der Wahrheit angesehen und dieser Bedeutung entsprechend eingestuft.

Die Zulassung von hearsay evidence würde nun bedeuten, daß von einer Partei Tatsachen in das Verfahren eingeführt werden dürften, ohne daß der gegnerischen Partei die Möglichkeit gegeben wäre, die Person, die die betreffende Tatsache selbst unmittelbar mit einem ihrer Sinne wahrgenommen hat, einem Kreuzverhör zu unterziehen. Tatsächlich wäre damit der Partei insoweit die Ausübung des fundamentalen Rechts zum Kreuzverhör verwehrt. Darüber vermag auch nicht hinwegzutäuschen, daß die Partei den Zeugen in das Kreuzverhör nehmen könnte, der vom Hörensagen bekunden würde; denn ein solcher Zeuge könnte gerade nichts über die unmittelbare Wahrnehmung der Tatsache selbst aussagen. Dieses Kreuzverhör stellte insofern keinen gleichwertigen Ersatz dar, als es unter diesen Umständen seiner eigentlichen Aufgabe als Mittel zur Wahrheitsfindung nicht gerecht werden würde.

Wenn dennoch dieses Argument trotz seiner zweifellos außergewöhnlichen Bedeutung nicht als das allein die Hearsay Rule rechtfertigende angesehen wird, so liegt die Erklärung hierfür in folgendem: Mit Ausnahme des Grundes der Irrelevanz des hearsay evidence[192] kann und darf auch den anderen angeführten Gründen nicht jede Bedeutung im Hinblick auf die Rechtfertigung des grundsätz-

---

[190] Siehe hierzu die oben, Anm. 182, angegebenen Nachweise. Der Amerikaner *Wigmore* (a. a. O., § 1362, S. 3—7, und § 1365, S. 27) sieht in der mangelnden Möglichkeit eines Kreuzverhörs den wahren Grund für den Ausschluß des hearsay.

[191] Vgl. die Zusammenstellung der Rechtsprechung bei *Wigmore*, a. a. O., S. 3 ff.

[192] Vgl. oben, S. 43 ff.

lichen Ausschlusses des Hörensagens abgesprochen werden, mögen sie auch weniger gewichtig sein als der Grund der fehlenden Möglichkeit zum Kreuzverhör. Stellen heute nach englischer Rechtsauffassung die beiden zuletzt erörterten Argumente zwar die schwerwiegendsten dar, so muß doch die wahre Erklärung für die Hearsay Rule letztlich in dem Zusammenwirken all dieser Gründe gesehen werden, wobei dann im einzelnen mal der eine, mal der andere Grund von größerer oder geringerer Bedeutung sein kann. In der Entscheidung Teper v. R.[193] des Judicial Committee of the Privy Council hat Lord *Normand* dies schließlich wie folgt ausgedrückt:

> "The rule against the admission of hearsay is fundamental. It is not the best evidence and it is not delivered on oath. The truthfulness and accuracy of the person whose words are spoken to by another witness cannot be tested by cross-examination, and the light which his demeanour would throw on his testimony is lost."

## V. Der äußere Geltungsbereich der Hearsay Rule

Es ist einleitend bereits darauf hingewiesen worden[194], daß die Hearsay Rule selbst unterschiedslos für Zivilprozesse und für Strafverfahren gilt[195], wobei es gleichgültig ist, ob im konkreten Fall eine Jury mitwirkt oder ob das Verfahren ohne eine solche stattfindet.[196]

Nach englischem Strafverfahrensrecht setzt sich ein Straferkenntnis aus zwei Teilen zusammen: aus dem Wahr- oder Schuldspruch (verdict), der entweder auf schuldig oder nicht schuldig lautet und bei Mitwirkung einer Jury von dieser gefällt wird, sowie aus der nachfolgend und in jedem Fall von dem oder den Richtern getroffenen Entscheidung, die — dem jeweiligen Schuldspruch entsprechend — in einem Strafausspruch (sentence) oder in einem Freispruch (acquittal) besteht. Die Anwendung der Hearsay Rule beschränkt sich in Strafsachen nun ausschließlich auf die Findung des Schuldspruchs, d. h. nur bei der Ermittlung der Schuld des Angeklagten — oder seiner Unschuld — ist der Beweis vom Hörensagen grundsätzlich ausgeschlossen. Dabei spielt es dann allerdings keine Rolle, ob es sich um Belastungsbeweise der Anklage oder um Entlastungsbeweise des Angeklagten handelt[197], wie es gleichfalls belanglos ist, ob der Zeuge die auf Hörensagen beruhende Bekundung anläßlich seiner Hauptvernehmung oder im Kreuzverhör machen will oder machen soll.[198]

---

[193] [1952] A. C. 480 (486).

[194] Vgl. oben, S. 10 f.

[195] In Zivilprozessen wird sie allerdings, wenn keine Jury mitwirkt, bei Einverständnis der Parteien oft sehr großzügig gehandhabt.

[196] Vgl. oben, S. 49.

[197] R. v. Thomson, (1912) 23 Cox C. C. 187 (188 f.); *Archbold*, Crim. Pleading, § 1071.

[198] *Cross*, Evidence, S. 380.

Zweiter Teil

# DIE AUSNAHMEN VON DER HEARSAY RULE

## I. Allgemeines

Im vorangehenden Abschnitt ist die Hearsay Rule ausführlich abgehandelt worden. Es bedeutete jedoch eine nur unvollständige Darstellung des den Beweis vom Hörensagen im englischen Strafprozeß regelnden Rechts, würden nicht auch die allgemein anerkannten Ausnahmen von der Rule dargestellt werden. Darüber hinaus könnten die vorstehenden Ausführungen für sich allein genommen dem Leser ein verzerrtes Bild von diesem Rechtsinstitut vermitteln, indem sie möglicherweise einen falschen Eindruck über den wahren Umfang des Ausschlusses dieser Beweisart hervorrufen. Erst die Darstellung der Hearsay Rule zusammen mit der ihrer Ausnahmen läßt erkennen, welche Regelungen auf diesem Gebiet im einzelnen nun tatsächlich bestehen. Ziel der nachstehenden Ausführungen ist es daher, die bekanntesten und wichtigsten Ausnahmen von der Hearsay Rule aufzuzeigen, wenn auch nicht immer in derselben Ausführlichkeit zu erörtern wie die Hearsay Rule selbst; denn das würde über den Rahmen der vorliegenden Arbeit hinausgehen. Den Grad der Ausführlichkeit bestimmt dabei in erster Linie die wahrscheinliche Bedeutung, die der einzelnen Ausnahme für den englischen Strafprozeß heute in der Praxis zukommt.

## II. Die allgemeinen Gründe für die Schaffung der Ausnahmen

Ist die Hearsay Rule als solche nie und in keiner Weise von dem englischen Gesetzgeber formuliert worden[1], so trifft das im Hinblick auf die Ausnahmen nicht ganz zu: Zwar sind ursprünglich die Ausnahmen von der Rule ebenfalls nur durch die Rechtsprechung der oberen englischen Gerichte anerkannt und zugelassen worden, doch gibt es darüber hinaus heute auch solche, die der Gesetzgeber geschaffen hat, die somit statute law darstellen. Obwohl alle diese Ausnahmen — gleichgültig, ob es sich nun um von der Rechtsprechung

---

[1] Vgl. oben, S. 13.

oder vom Gesetzgeber geschaffene handelt — völlig unabhängig voneinander entwickelt wurden, die ihnen zugrunde liegenden Überlegungen also jeweils allein auf die konkrete Ausnahme abgestellt waren, haben sich dennoch einzelne Rechtswissenschaftler — entsprechend den Bemühungen um eine Darlegung der Gründe für den grundsätzlichen Ausschluß des hearsay — auch hier bemüht, diejenigen Grundsätze herauszuarbeiten und darzutun, die den Ausnahmen trotz all deren sonstigen Verschiedenheit gemeinsam sind und die ausnahmsweise Zulassung von hearsay zu rechtfertigen vermögen.[2]

Als Schlüssel zum Verständnis für die Ausnahmen werden allgemein[3] die Gründe angesehen, die die Hearsay Rule, also den grundsätzlichen Ausschluß des Hörensagens, erklären, und zwar insbesondere die beiden wesentlichsten Argumente, nämlich das Fehlen des Eides[4] sowie die mangelnde Möglichkeit zum Kreuzverhör[5]. Da diese Gründe prinzipiell den Ausschluß des Hörensagens nach sich ziehen, müssen, soll hearsay dennoch einmal zulässig sein, Umstände vorliegen, gegenüber denen die Überlegungen, die eigentlich den Ausschluß fordern, in den Hintergrund treten. Davon ausgehend werden von der Rechtslehre zwei „principles" genannt, die den Ausnahmen von der Hearsay Rule in der überwiegenden Zahl der Fälle zugrunde liegen, d. h. die nach angelsächsischer Rechtsauffassung das rechtfertigende Moment für die — ausnahmsweise — Zulassung von hearsay bilden.[6] Bei diesen beiden principles handelt es sich einmal um den Grundsatz der „necessity", zum anderen um den der „circumstantial probability of trustworthiness"[7] bzw. „circumstantial guarantee of trustworthiness"[8].

## 1. NECESSITY

Wenn die Person, die die als Aussage in Betracht kommende Erklärung ursprünglich abgegeben hat, in dem gerichtlichen Verfahren aus irgendeinem Grunde (z. B. Tod) als Zeuge nicht zur Verfügung steht, so erhebt sich naturgemäß die Frage, ob die Wiedergabe jener Erklärung durch einen Dritten nunmehr ausgeschlossen werden und damit die Erklärung für die Entscheidung unberücksichtigt bleiben oder ob sie entgegen der Hearsay Rule als hearsay evidence zugelassen

---

[2] *Baker*, Hearsay Rule, S. 25 ff.; *Cross*, Evidence, S. 383; *Wigmore* on Evidence, Vol. 5, §§ 1420 ff.

[3] Z. B. *Baker*, a. a. O., S. 25; *Wigmore*, a. a. O., § 1420 (S. 202).

[4] Siehe oben, S. 49 f.

[5] Siehe oben, S. 50 ff.

[6] *Baker*, a. a. O., S. 27 und 165 f.; *Cross*, a. a. O., S. 383; *Morgan*, 40 H. L. R. 712 (732); *Wigmore*, a. a. O., § 1420.

[7] So *Wigmore*, a. a. O., §§ 1420, 1422.

[8] So *Baker*, a. a. O., S. 27, und ihm folgend *Cross*, a. a. O., S. 383.

werden soll.[9] Entsprechend der Rule against Hearsay müßte die aufgeworfene Frage dahin beantwortet werden, daß in einem solchen Fall die Erklärung, da sie nur noch auf Grund von Hörensagen wiedergegeben werden kann, als Beweis ausgeschlossen ist. Die Folge dieser absolut strikten Anwendung der Hearsay Rule würde in zahlreichen Fällen die sein, daß Beweise zurückzuweisen wären, für die es keinen gleichwertigen oder möglicherweise sogar überhaupt keinen Ersatz gibt, daß also wesentliche, vielleicht gar die einzig vorhandenen Beweise bei der Findung des Wahrspruchs außer Betracht zu bleiben hätten. Diese Konsequenzen in jedem Fall hinzunehmen erscheint den englischen Juristen jedoch als unvereinbar mit dem Anliegen der Rechtspflege, nicht nur eine formell richtige, sondern vor allem auch eine gerechte Entscheidung zu fällen.

In der Rechtsprechung hat sich über die Folgen eines absoluten Ausschlusses des Beweises in diesen Fällen wohl am eindringlichsten der damalige Präsident des Court of Appeal *Jessel* in der Entscheidung Sugden v. Lord St. Leonhards[10] geäußert, indem er in seinem judgment ausführte,

> "so inconvenient was the law upon this subject, so frequently has it shut out the only obtainable evidence, so frequently would it have caused a most crying and intolerable injustice, that a large number of exceptions have been made to the general rule."[11]

Auf Grund dieser Überlegungen und der in der Praxis gesammelten Erfahrungen ist nach englischer Rechtsauffassung die Notwendigkeit (necessity) zu bejahen, unter bestimmten Voraussetzungen hearsay evidence in einem gerichtlichen Verfahren auch für die Findung des Wahrspruchs zuzulassen, soll nicht für die Entscheidung bedeutsamer Beweis möglicherweise zu Lasten der Gerechtigkeit verlorengehen.[12] *Baker* behauptet darüber hinaus sogar, daß

> "it has not always been a question of absolute necessity; sometimes practical convenience, sometimes the inability to get evidence of the same value from the same or other sources have been regarded as sufficient. Impossibility, convenience, expediency have all played a part."[13]

---

[9] In diesem Zusammenhang sind natürlich nur solche Fälle gemeint, in denen die Wiedergabe der Erklärung durch einen Dritten entsprechend den Ausführungen im 1. Teil der Arbeit hearsay evidence darstellt.

[10] (1876) 1 P. D. 154 (240).

[11] Die Gültigkeit dieser Worte wird durch die Entscheidung In the Estate of Macgillivray, [1946] 2 All E. R. 301, unterstrichen, in der betont wird, daß in Sugden v. Lord St. Leonhards die Grundsätze für die Zulassung von hearsay evidence in Testamentssachen niedergelegt worden seien.

[12] Hierzu die oben, S. 54, Anm. 6, angegebenen Nachweise.

[13] A. a. O., S. 27; so auch *Wigmore*, a. a. O., § 1421.

Die sich somit vor allem aus dem Interesse an gerechten Entscheidungen ergebende Notwendigkeit, hearsay evidence ausnahmsweise zuzulassen, vermag jedoch allein die Durchbrechung der Hearsay Rule noch nicht zu rechtfertigen. Es müssen vielmehr weitere Umstände hinzukommen, die geeignet sind, diejenigen Bedenken gegen die Zulassung zu zerstreuen, die insbesondere wegen des fehlenden Eides[14] sowie wegen der Nichtüberprüfbarkeit des Wahrheitsgehaltes der betreffenden Erklärung durch das Kreuzverhör[15] bestehen.[16]

## 2. CIRCUMSTANTIAL GUARANTEE (PROBABILITY) OF TRUSTWORTHINESS

Dieser Forderung, daß noch „weitere Umstände" gegeben sein müssen, entspricht der Grundsatz der „circumstantial guarantee (probability) of trustworthiness". Er besagt ganz allgemein[17], daß für die Anerkennung einer Ausnahme von der Hearsay Rule grundsätzlich Voraussetzung ist, daß ein Äquivalent vor allem für das Fehlen des Eides sowie den Wegfall der Möglichkeit, die Richtigkeit oder Wahrheit der ursprünglichen Erklärung in einem Kreuzverhör zu überprüfen, vorhanden sein muß. Nur wenn ein gleichwertiger Ersatz für diese beiden den Ausschluß des hearsay fordernden Argumente existiert, kann nach englischer Rechtsauffassung die ursprüngliche Erklärung — trotz der Wiedergabe derselben durch einen Dritten — als so zuverlässig angesehen werden, daß ihre Zulassung als hearsay evidence gerechtfertigt erscheint.

In der Praxis sind die verschiedenartigsten Umstände, unter denen eine Erklärung abgegeben wird, als ausreichendes Äquivalent i. S. der vorstehenden Ausführungen anerkannt; so wird beispielsweise der Umstand, daß eine tödlich verwundete Person eine Erklärung über die Ursache ihrer Verletzung angesichts und im Bewußtsein ihres unmittelbar bevorstehenden Todes abgegeben hat, als Gewähr dafür bietend angesehen, daß die Person in diesem Zustand auch tatsächlich die Wahrheit gesprochen hat, so daß die Überprüfung der Erklärung auf ihren Wahrheitsgehalt hin durch ein Kreuzverhör entbehrlich erscheint.[18] Trotz der unterschiedlichen Natur der die ausnahmsweise Zulassung von hearsay mit rechtfertigenden Umstände haben es die englischen Juristen aber nie unternommen, einen einheitlichen Maß-

---

[14] Vgl. oben, S. 49 f.

[15] Vgl. oben, S. 50 ff.

[16] *Wigmore*, a. a. O., §§ 1420 (S. 202), 1422 (S. 204).

[17] Um welche Umstände es sich dabei im einzelnen handelt, hängt von der jeweiligen Ausnahme ab.

[18] Siehe hierzu im einzelnen die unten folgenden Ausführungen über dying declarations.

stab aufzustellen für den Grad der Zuverlässigkeit, den die Umstände im Hinblick auf die Wahrheit oder Richtigkeit der betreffenden Erklärung bieten müssen, soll ihnen eine rechtfertigende Bedeutung zukommen.[19] Daher mag der Grad der Zuverlässigkeit in den einzelnen Fällen verschieden sein, ein gewisses, dem englischen Rechtsdenken entsprechendes Maß an Sicherheit muß indessen gewährleistet sein.

Es sollen hier nun nicht etwa die in Betracht kommenden Umstände einzeln aufgezählt werden. Da sie letztlich den meisten der zahlreichen Ausnahmen deren charakteristisches Gepräge geben, können Einzelheiten den nachfolgenden Ausführungen über die Ausnahmen entnommen werden. Wie schon kein einheitlicher Maßstab für den Grad der geforderten Zuverlässigkeit besteht, so kann erst recht nicht eindeutig gesagt werden, in welchem Umfang genau der eine oder andere Grundsatz (necessity und circumstantial guarantee of trustworthiness) für die Anerkennung der einzelnen Ausnahme von der Hearsay Rule bestimmend ist. Sicher ist, daß den beiden genannten Grundsätzen nicht bei jeder Ausnahme eine gleich große Bedeutung für die Rechtfertigung zukommt, daß vielmehr ihr eigentlicher Wert in ihrem Zusammenwirken liegt, wobei dann im Einzelfall mal der eine, mal der andere Grundsatz mehr im Vordergrund steht, bei vereinzelten Ausnahmen vielleicht sogar allein maßgebend ist.[20] Kann — worauf *Baker*[21] und *Wigmore*[21] hinweisen — möglicherweise sogar nicht einmal absolut jede Ausnahme als auf diesen beiden Grundsätzen beruhend angesehen werden, so kommt ihnen insgesamt jedoch die entscheidende Bedeutung für die Schaffung und Anerkennung der Ausnahmen überhaupt zu. Daher sollte insbesondere der kontinentaleuropäische Jurist sich dieselben bei der Betrachtung der Ausnahmen immer vergegenwärtigen, denn nur so wird das wirkliche Verständnis für das Vorhandensein der zahlreichen Ausnahmen von der Hearsay Rule ermöglicht.

## III. Die Ausnahmen nach Common Law

### 1. ADMISSIONS UND CONFESSIONS

#### *a) Allgemeines*

Eine der wichtigsten Ausnahmen von der Hearsay Rule besagt, daß unter bestimmten Voraussetzungen die von dem Beschuldigten außergerichtlich und formlos gegenüber Dritten abgelegten admissions und confessions in dem Verfahren gegen ihn als Beweis zugelassen werden

---

[19] *Baker*, a. a. O., S. 27; *Wigmore*, a. a. O., § 1422 (S. 204).
[20] Vgl. *Baker*, a. a. O., S. 166; *Wigmore*, a. a. O., § 1423 (S. 206).
[21] Siehe Anm. 20.

dürfen. Ungeachtet irgendwelcher spezifischer Sonderheiten, die möglicherweise hinsichtlich der admissions im zivilrechtlichen Bereich gelten, genügt es für die Zwecke der vorliegenden Arbeit, die Begriffe „admission" und „confession" wie folgt zu erklären: Im Zusammenhang mit dem Strafverfahrensrecht wird unter einer admission des Beschuldigten regelmäßig dessen Zu- oder Eingeständnis einer bestimmten Einzelheit tatsächlicher Art verstanden, sofern die Frage seines „guilty intent" als solche dabei unberührt bleibt; bekennt er sich dagegen der ihm vorgeworfenen Tat für schuldig (guilty), so stellt dies eine confession, ein Geständnis dar.[22] Im Hinblick auf das Ziel des vorliegenden Teils der Arbeit — die Darstellung der Ausnahmen von der Hearsay Rule — können die admissions und confessions außer Betracht bleiben, die der Angeklagte vor Gericht in der Hauptverhandlung ablegt, wie auch solche, die er zwar außerhalb des Verfahrens gegenüber Dritten gemacht hat, zu denen er sich aber in der Verhandlung bekennt und deren Wahrheit oder Richtigkeit er zugibt. Hier interessieren nur diejenigen Zugeständnisse und Geständnisse, die der Beschuldigte „informal extrajudicial" gegenüber einem Dritten gemacht hat und die dann in dem Verfahren selbst mit Hilfe der Aussage des betreffenden Dritten als wahr oder richtig unter Beweis gestellt werden sollen, weil der Angeklagte sie nunmehr leugnet.[23] Nur bei ihrer Zulassung als Beweis handelt es sich um eine Ausnahme von der Hearsay Rule.[24] Und nur sie sind gemeint, wenn im folgenden von admissions oder confessions bzw. von Zugeständnissen oder Geständnissen die Rede ist.

Es ist zwar gelegentlich von einigen Wissenschaftlern die Ansicht vertreten worden, daß die Zulassung von admissions und confessions als Beweis nicht im Wege einer Ausnahme von der Hearsay Rule erfolgt sei. Heute kann es jedoch ohne weiteres als herrschende Lehre bezeichnet werden, daß es sich hierbei sehr wohl um eine Ausnahme

---

[22] Vgl. zum Vorstehenden z. B. *Kenny*'s Outlines, § 574: „... in criminal cases it (sc. the term ‚admission') is usually applied only to those individual details of fact which do not involve the guilty intent, an admission of full guilt being styled a ‚confession'". — Nicht zugestimmt werden kann der von *Cross*, Evidence, S. 431, insoweit getroffenen Unterscheidung: "When made to a person in authority over a criminal prosecution, they (sc. statements adverse to the maker's case) are ... spoken of as confessions. When disserving statements are made ... in a criminal case by the accused to someone who is not in authority, they are said to be admissions". Diese Unterscheidung läßt sich nicht mit der Rechtsprechung vereinbaren; vgl. beispielsweise die strafrechtliche Entscheidung des House of Lords in dem Fall Commissioners of Customs and Excise v. Harz, [1967] 2 W. L. R. 297 ff., sowie auch Anandagoda v. R., [1962] 1 W. L. R. 817, 823, die den Unterschied im Zusammenhang mit der Ceylon Evidence Ordinance bringt.

[23] *Cross* and *Jones*, Introduction, S. 449.

[24] *Cross*, Evidence, S. 431.

handelt[25]; aus diesem Grunde soll hier von der Darlegung des praktisch als überwunden anzusehenden Meinungsstreits abgesehen werden.[26]

*b) Voraussetzungen für die Zulässigkeit*

Lord *Sumner* hat in der Entscheidung des Privy Council in Ibrahim v. R.[27] das im Hinblick auf die Zulässigkeitsvoraussetzungen geltende „general principle" wie folgt dargestellt:

> "It has long been established as a positive rule of English criminal law, that no statement by an accused is admissible in evidence against him unless it is shewn by the prosecution to have been a voluntary statement, in the sense that it has been not obtained from him either by fear of prejudice or hope of advantage exercised or held out by a person in authority."[28]

Diese Passage aus Lord *Sumner*'s judgment wird von den englischen Gerichten seit je als die wohl beste und klarste Wiedergabe des insoweit geltenden Rechts angesehen.[29] Obgleich in ihr keinerlei Unterschied zwischen admissions und confessions in bezug auf das Erfordernis der Freiwilligkeit gemacht wird, vielmehr ausdrücklich von „no statement by an accused" gesprochen wird, hat die Rechtslehre insoweit bisher einen anderen Standpunkt vertreten. Danach war zwar für die Zulässigkeit einer *confession* Voraussetzung, daß der Beschuldigte sie „freiwillig" (voluntary), d. h. unbeeinflußt von irgendeiner Autoritätsperson, abgelegt hatte; eine in diesem Sinne nicht freiwillig gemachte *admission* war dagegen als Beweis zulässig, wobei der Umstand, daß der Beschuldigte beeinflußt war, als allein den Beweiswert berührend angesehen wurde.[30] Das House of Lords hat jedoch in dem Fall Commissioners of Customs and Excise v. Harz[31]

---

[25] *Baker,* Hearsay Rule, insbesondere S. 32; *Cross,* Evidence, S. 431 ff.; *Cross* and *Jones,* Introduction, S. 448 ff.; *Halsbury*'s Laws of England, Vol. 15, Nr. 535; *Nokes,* Cockle's Cases, S. 180 und 197; *Phipson,* Evidence, RdNr. 661 und 671 ff.; *Williams,* Proof of Guilt, S. 211 f. — *Archbold,* Crim. Pleading, §§ 1091 ff., erläutert die admissions und confessions allerdings nicht im Zusammenhang mit den Ausnahmen von der Hearsay Rule, sondern erst im Anschluß an jene.

[26] Ausführlich zu dem Meinungsstreit *Baker,* a. a. O., S. 28 ff.

[27] [1914] A. C. 599.

[28] A. a. O., S. 609.

[29] Vgl. z. B. R. v. Colpus and Boorman (1917), 25 Cox C. C. 716 (720); R. v. Voisin, (1918) 26 Cox C. C. 224, 229; Commissioners of Customs and Excise v. Harz, [1967] 2 W. L. R. 297, 307 (H. L.).

[30] Z. B. *Cross* and *Jones,* Introduction, S. 451: "If an informal admission is made in consequence of a threat or inducement, these matters affect its weight rather than its admissibility."

[31] [1967] 2 W. L. R. 297 (303 f.).

nunmehr ausdrücklich entschieden, daß insoweit kein Unterschied zwischen admissions und confessions gemacht werden dürfe. Lord *Reid* weist dort in seinem judgment darauf hin, daß

> "there appears to be no English case for more than a century in which an admission induced by a threat or promise has been admitted in evidence where a full confession would have been excluded."[32]

Er kommt schließlich zu dem Schluß, daß „no justification in principle for the distinction" zu sehen sei, wobei er sich insbesondere auch darauf beruft, daß die im Jahre 1964 neu veröffentlichten Judges' Rules in der Beziehung keinen Unterschied zwischen admissions und confessions machten.[33] Es ist anzunehmen, daß auf Grund dieser eindeutigen Entscheidung des obersten englischen Gerichts die Rechtslehre es nunmehr ebenfalls als geltendes Recht ansehen wird, daß für admissions und confessions gleichermaßen dieselben Voraussetzungen erfüllt sein müssen, sollen sie als Beweis zulässig sein.

Entsprechend dem oben genannten Grundsatz[34] muß es sich mithin bei den Zugeständnissen wie Geständnissen um Erklärungen handeln, die der Beschuldigte freiwillig abgegeben hat, d. h. zu deren Abgabe er nicht durch eine Autoritätsperson (person in authority) bestimmt (induced) worden ist. Dabei trägt die Beweislast dafür, daß sie in diesem Sinne freiwillig gemacht worden sind, seit der als leading decision anzusehenden Entscheidung R. v. Thompson[35] in vollem Umfang der Ankläger. Was nun in diesem Zusammenhang unter den Begriffen „inducement" und „person in authority" zu verstehen ist, soll im folgenden kurz umrissen werden.

aa) Der Begriff des „Inducement"

Nach englischem common law ist eine Beeinflussung (inducement) des Beschuldigten mit der möglichen Folge, daß der Beweis seiner admission oder confession unzulässig ist, auf zweierlei Art denkbar: Sie kann einmal liegen in dem Versprechen (promise) eines Vorteils für den Fall, daß er Tatsachen eingesteht bzw. sich der Tat für

---

[32] A. a. O., S. 304.

[33] Der betreffende Absatz der Judges' Rules lautet: "These Rules do not affect the principles... (e) that it is a fundamental condition of the admissibility in evidence against any person, equally of any oral answer given by that person to a question put by a police officer and of any statement made by that person, that it shall have been voluntary, in the sense that it has not been obtained from him by fear of prejudice or hope of advantage, excercised or held out by a person in authority, or by oppression." (Abgedr. in [1964] Crim. L. R. 165 ff.).

[34] Siehe oben, S. 59.

[35] (1893) 17 Cox C. C. 641 (645 f.); der Court for Crown Cases Reserved

schuldig bekennt, zum anderen in einer Drohung (threat), falls er sich weigern sollte, dies zu tun.[36]

Bisher hat weder die Rechtsprechung noch die Rechtslehre einen absolut verbindlichen Maßstab dafür aufgestellt, wann im Einzelfall ein inducement im obigen Sinne vorliegt und wann nicht. Nie angezweifelt worden ist jedoch die Grundsatzentscheidung des Court for Crown Cases Reserved in R. v. Gilham[37], daß eine solche Beeinflussung mit den genannten Folgen jedenfalls dann zu verneinen ist, wenn das Zugeständnis oder Geständnis auf Grund einer bloßen „religious or moral exhortation" erzielt wurde, wenn also nur die religiösen oder ethischen Gefühle des Beschuldigten angesprochen worden sind.[38] So hat der Court of Criminal Appeal beispielsweise in dem Fall R. v. Sleeman[39] das Geständnis der Angeklagten, das sie erst auf die an sie gerichtete Bemerkung hin „Don't run your soul into more sin, but tell the truth" abgelegt hatte, als Beweis für zulässig erklärt, weil diese Bemerkung u. a. keine Beeinflussung in dem genannten Sinne darstelle. Ebenso hat dieses Gericht eine solche Beeinflussung in dem Fall R. v. Reeve and Hancock[40] verneint: Dort hatten die beiden Angeklagten — zwei kleine Jungen — nach ihrer Verhaftung ein Geständnis abgelegt, nachdem die Mutter des einen Jungen in Gegenwart der Mutter des anderen und eines Polizeibeamten sie dazu mit der Bemerkung aufgefordert hatte: „You had better as good boys, tell the truth".

Die Rechtsprechung hat ein inducement immer nur in solchen Fällen bejaht, in denen der Beschuldigte zur Abgabe von Erklärungen dadurch bestimmt worden war oder zumindest hätte bestimmt worden sein können, daß ihm ein irdischer, d. h. nicht auf den Glauben bezogener Vorteil (temporal benefit) versprochen bzw. ein irdischer Nachteil angedroht wurde. Dabei ist in den älteren Entscheidungen, insbesondere in denen des vorigen Jahrhunderts, vor allem die Formulierung der Bemerkungen, mit denen der Beschuldigte zur Abgabe von Erklärungen aufgefordert wurde, als maßgeblich angesehen worden. So haben die Gerichte z. B. folgenden Äußerungen den Charakter eines inducement zugesprochen:

---

hat ausdrücklich entschieden, „that it is the duty of the prosecution to prove, that the prisoner's statement was free and voluntary and that they did not discharge themselves of this obligation."

[36] Vgl. z. B. *Cross*, Evidence, S. 448 f.

[37] (1828) 1 Mood. C. C. 186; 168 E. R. 1235.

[38] *Archbold*, Crim. Pleading, § 1111; *Baker*, a. a. O., S. 55; *Cross*, a. a. O., S. 448; *Phipson*, a. a. O., RdNr. 799.

[39] (1853) 6 Cox C. C. 245 (246).

[40] (1872) 12 Cox C. C. 179; vgl. ferner R. v. Stanton, (1911) 6 Cr. App. R. 198.

"Unless you give a more satisfactory account I shall take you before a Magistrate"[41];
"you are under suspicion of this, and you had better tell all you know"[42];
"you had better split, and not suffer for all of them"[43];
"I don't know, and have come on purpose to know, and I will know before I leave, and if you don't tell me I will give you in charge to the police till you do tell me"[44];
"it might de better for you to tell the truth and not a lie"[45];
"you hat better tell the truth, it may be better for you"[46, 47].

Die damalige Einstellung der Gerichte zu dieser Frage erklärt der Court of Criminal Appeal[48] heute damit, daß vor der Einführung des Criminal Evidence Act 1898 die Angeklagten in der Hauptverhandlung nicht als Zeugen hätten gehört werden dürfen, so daß

"great anxiety was naturally and properly felt about the weight to be attached to anything said by an accused person whose lips, once he was in the court of trial, were sealed."

Das Gericht führt dann in der genannten Entscheidung weiter aus, daß jedoch in der heutigen Zeit jene älteren, den Wortlaut der Bemerkung in den Vordergrund stellenden Entscheidungen keine „reality in practice" mehr hätten, weil

"it is essential in each case to look at the particular facts which are relied upon in relation to an objection to the admissibility of a statement to enable the matter to be determined, remembering at all times that the burden never shifts from the Crown to satisfy the court that an alleged confession is in truth a voluntary statement."[49]

Dieser vertretene Standpunkt, daß es letztlich weniger auf die benutzten Worte als solche ankomme als vielmehr auf die gesamten Umstände, unter denen der Beschuldigte zu einer admission oder confession bestimmt worden ist, zeichnete sich schon in der im Jahre

---

[41] R. v. Thompson, (1783) 1 Leach C. C. 291 (292); 168 E. R. 248.

[42] R. v. Kingston, (1830) 4 C. & P. 387; 172 E. R. 752.

[43] R. v. Thomas and Others, (1834) 6 C. & P. 353; 172 E. R. 1273 f.

[44] R. v. Luckhurst, (1853) 6 Cox C. C. 243.

[45] R. v. Bate and Others, (1871) 11 Cox C. C. 686 (687).

[46] R. v. Fennell, (1881) 14 Cox C. C. 607.

[47] Vgl. ferner: R. v. Parrat, (1831) 4 C. & P. 570; 172 E. R. 829; R. v. Dunn, (1831) 4 C. & P. 543; 172 E. R. 817; R. v. Simpson, (1834) 1 Mood. C. C. 410; 168 E. R. 1323; R. v. Shepherd, (1836) 7 C. & P. 579; 173 E. R. 255; R. v. Upchurch, (1836) 1 Mood. C. C. 465; 168 E. R. 1346; R. v. Croydon, (1846) 2 Cox C. C. 67; R. v. Coley, (1868) 10 Cox C. C. 536; R. v. Doherty, (1874) 13 Cox C. C. 23; R. v. Mansfield, (1881) 14 Cox C. C. 639; R. v. Rose, (1898) 18 Cox 717. — Weitere Hinweise auf die Rechtsprechung bei *Archbold,* a. a. O., §§ 1106 ff.

[48] R. v. Priestley, (1966) 50 Cr. App. R. 183 (188).

[49] A. a. O., S. 188, per Justice *Stevenson.*

1905 ergangenen Entscheidung R. v. Knight and Thayre ab[50]; bereits dort hatte der Richter in seinem judgment u. a. erklärt, daß die „admissibility must to some extend depend on the facts of the particular case."[51] In bezug auf die Entscheidung der Frage, ob ein Zugeständnis oder Geständnis freiwillig gemacht worden ist, heißt es schließlich in dem Urteil des Courts-Martial Appeal Court in dem Fall R. v. Smith[52], daß

"the court has been at pains to hold that even the most gentle threats or slight inducements will taint a confession."

Immerhin muß die Beeinflussung des Beschuldigten, auch wenn sie schon in der kleinsten Drohung oder dem geringsten Versprechen liegen kann, von außen her erfolgen, soll ihretwegen das Zugeständnis oder Geständnis gegebenenfalls als Beweis unzulässig sein. Es genügt daher nicht, daß sich der Beschuldigte ohne jeden äußeren Anstoß allein auf Grund einer bestimmten inneren Vorstellung zur Abgabe der Erklärungen veranlaßt sieht: So ist beispielsweise dasjenige Geständnis als ein freiwilliges angesehen worden, das in der durch keinen äußeren Anlaß hervorgerufenen oder begründeten Hoffnung auf Begnadigung gemacht wurde[53]; dagegen ist ein inducement in dem Fall bejaht worden, wo der Beschuldigte die ihn belastenden Erklärungen abgegeben hatte angesichts eines amtlichen Aushangs, wonach jedem — bis auf den Täter selbst — für der Aufklärung einer bestimmten Straftat dienende Informationen eine Belohnung sowie gegebenenfalls Straferlaß zugesichert wurde.[54] Nicht erforderlich ist für die Annahme einer Beeinflussung, daß sie dem Beschuldigten gegenüber expressis verbis erfolgt; sie kann sich z. B. auch allein aus dem äußeren Verhalten der person in authority ergeben.[55] Ferner braucht ein Versprechen oder eine Drohung, um ein inducement darzustellen, nicht einmal dem Beschuldigten direkt gegenüber ausgesprochen zu werden; es ist vielmehr ausreichend, wenn die betreffende Person es in der Erwartung tut, daß der Beschludigte davon in Kenntnis gesetzt wird, und wenn letzterer auch tatsächlich davon Kenntnis erlangt und dann auf Grund jenes Versprechens oder jener Drohung seine Erklärung abgibt.[56]

---

[50] 20 Cox C. C. 711.

[51] A. a. O., S. 713.

[52] (1959) 43 Cr. App. R. 121 (126).

[53] So der Court of Criminal Appeal in R. v. Godinho, (1911) 7 Cr. App. R. 12.

[54] R. v. Blackburn and Others, (1853) 6 Cox C. C. 333 (337).

[55] R. v. Gillis, (1866) 11 Cox C. C. 69 (73).

[56] R. v. Thompson, (1893) 17 Cox C. C. 641.

Seit der ersten Hälfte des vorigen Jahrhunderts haben Rechtsprechung[57] und Rechtslehre[58] es zwar überwiegend als eine geltende rule angesehen, daß,

> "if the threat or promise which inuced the stratement related to the charge or contemplated charge against the accused, the stratement is not admissible; but if it related to something else, the stratement is admissible."[59]

Das House of Lords hat jedoch nach eingehender Erörterung dieser Ansicht in dem bereits zitierten Fall Commissioners of Customs and Excise v. Harz[60] mit ausführlicher Begründung entschieden, daß tatsächlich „this alleged rule... never has been part of the law of England."[61] Infolgedessen ist es heute geltendes Recht, daß eine unzulässige Beeinflussung des Beschuldigten auch dann vorliegen kann, wenn dessen Zugeständnis oder Geständnis auf Grund eines threat oder promise erreicht wird, das sich nicht auf die Verfolgung der ihm gerade vorgeworfenen Tat bezieht. So ist heute durch ein unzulässiges inducement beispielsweise auch dasjenige Geständnis erzielt, das der Beschuldigte wegen des ihm gegebenen Versprechens ablegt, es werde dann wegen eines anderen Delikts keine Strafanzeige gegen seine Ehefrau erstattet.

Fraglich ist dagegen, ob ein Zugeständnis oder Geständnis als „induced" anzusehen ist, das der Beschuldigte unter der Einwirkung von Alkohol abgelegt hat, der ihm absichtlich zu diesem Zweck zu trinken gegeben worden war. Zwar ist im Jahre 1835 in dem Fall R. v. Spilsbury[62] entschieden worden, daß ein unter derartigen Umständen erzieltes Geständnis ein „freiwilliges" sei und daher unter Beweis gestellt werden dürfe; *Phipson*[63] bezweifelt jedoch, daß dieser Entscheidung heute noch gefolgt werden würde; *Cross* meint, daß es in einem solchen Fall im Ermessen des Richters stünde, den Beweis auszuschließen.[64] Man wird zumindest davon ausgehen können, daß der Richter die Geschworenen davor warnen müßte, einem solchen Geständnis allzu großes Gewicht beizumessen.[65] Gleiches gilt schließ-

---

[57] R. v. Lloyd, (1834) 6 C. & P. 393; 172 E.R. 1291; R. v. Joyce, (1957) 42 Cr. App. R. 19; R. v. Shuter, [1966] Crim. L. R. 104.

[58] *Baker*, a. a. O., S. 55; *Cross*, Evidence, S. 445; *Cross* and *Jones*, Introduction, S. 451; *Kenny*'s Outlines, § 615 (S. 532 f.); *Phipson*, Evidence, RdNr. 798.

[59] Siehe Commissioners of Customs and Excise v. Harz, [1967] 2 W. L. R. 297 (304).

[60] Vgl. oben, Anm. 59.

[61] A. a. O., S. 304 ff.

[62] 7 C. & P. 187; 173 E. R. 82.

[63] A. a. O., RdNr. 799.

[64] *Cross*, Evidence, S. 449, Anm. 4.

[65] *Kenny*'s Outlines, § 617.

lich auch bezüglich der durch Täuschung des Beschuldigten u. ä. erreichten admissions und confessions.[66]

bb) Der Begriff der „Person in Authority"

Die Tatsache, daß der Beschuldigte zu dem Zugeständnis oder Geständnis in dem dargelegten Sinne „induced" wurde, bedeutet für sich allein allerdings noch nicht, daß der Beweis der betreffenden admission oder confession als Ausnahme von der Hearsay Rule ausgeschlossen ist. Entsprechend dem bereits genannten general principle ist das letztere vielmehr nur dann der Fall, wenn das inducement entweder von einer „person in authority" selbst ausgeht[67] oder zumindest in Gegenwart einer solchen ohne ihren Widerspruch von einem Dritten vorgebracht wird[68].

Bisher ist in der Rechtsprechung[69] wie in der Rechtslehre[70] einheitlich die Ansicht vertreten worden, daß

> "all who are engaged in the prosecution, apprehension, or examination of a prisoner are considered as persons of such authority, that their inducements will exclude any confession thereby obtained."[71]

Obwohl der Court of Criminal Appeal erst neuestens wieder erklärt hat, daß seines Wissens nach in keiner Grundsatzentscheidung eindeutig definiert sei, wer im einzelnen zu dieser Kategorie zähle und wer nicht[72], ist andererseits nie bezweifelt worden, daß zumindest jeder committing magistrate[73], jeder Polizist oder sonstige Beamte, der den Beschuldigten in Gewahrsam hält[74], sowie auch der jeweilige prosecutor[75] eine „person in authority" darstellt. Darüber hinaus sind

---

[66] Vgl. z. B. R. v. Derrington, (1826) 2 C. & P. 418; 172 E. R. 189.

[67] Siehe oben, S. 59.

[68] R. v. Laugher, (1846) 2 C. & K. 225 (226); 175 E. R. 93 (94); *Archbold*, Crim. Pleading, § 1110, mit weiteren Nachweisen.

[69] Vgl. z. B. R. v. Row, (1809) Russ. & Ry. 153; 168 E. R. 733; R. v. Moore, (1852) 5 Cox C. C. 555; ferner die Zusammenstellung der Rechtsprechung bei *Halsbury*'s Laws of England, Vol. 10, Anm. zu Nr. 861.

[70] Statt aller: *Phipson*, a. a. O., RdNr. 796.

[71] So *Russel*, zitiert von *Parke, B.*, in R. v. Moore, a. a. O., S. 558.

[72] Siehe R. v. Wilson and Marshall-Graham, (1967) 51 Cr. App. R. 194 (201).

[73] R. v. Cooper and Wicks, (1833) 5 C. & P. 535; 172 E. R. 1087; R. v. Gillis, (1866) 11 Cox C. C. 69 (72) .

[74] R. v. Shepherd, (1836) 7 C. & P. 579; 173 E. R. 255; R. v. Doherty, (1874) 13 Cox C. C. 23.

[75] R. v. Thompson, (1783) 1 Leach C. C. 291; 168 E. R. 248; R. v. Wilson and Marshall-Graham, [1967] 2 W. L. R. 1094; weitere Hinweise auf die Rechtsprechung bei *Halsbury*'s Laws of England, Vol. 10, Nr. 861, Anm. (p).

sogar die Ehefrau des prosecutor[76] wie auch seine Verwandten[77] als derartige Autoritätspersonen angesehen worden. Dagegen ist diese Eigenschaft grundsätzlich sowohl bei der Ehefrau eines Polizeibeamten[78] als auch bei einem Gefängnisgeistlichen[79] und einem untersuchenden Arzt[80] verneint worden, weil allen diesen Personen jede Möglichkeit fehle, in irgendeiner Weise auf die Verfolgung der dem Beschuldigten vorgeworfenen Tat Einfluß zu nehmen. Aus diesem Grunde ist auch der Arbeitgeber oder Dienstherr des Beschuldigten nur dann eine person in authority im obigen Sinne, wenn die Tat gegen seine Person oder sein Eigentum bzw. gegen ein Familienmitglied von ihm oder dessen Eigentum gerichtet war.[81]

Nach der bisherigen Auslegung des Begriffes kann somit „person in authority" derjenige, aber auch nur derjenige sein, der mit der Festnahme des Beschuldigten oder der Verfolgung oder Untersuchung der betreffenden Tat befaßt ist und entweder damit tatsächlich die Möglichkeit hat, das Verfahren in irgendeiner Weise zu beeinflussen[82], oder — was wahrscheinlich ebenfalls genügt — bei dem der Beschuldigte diese Möglichkeit wenigstens den Umständen nach vernünftigerweise vermuten durfte[83]. Dem liegt die bisher allgemein vertretene Ansicht zugrunde, daß das inducement im Zusammenhang mit der Verfolgung derjenigen Tat stehen müsse, bezüglich der das Zugeständnis oder Geständnis angestrebt werde.[84] Da das House of Lords jedoch unlängst in der Entscheidung Commissioners of Customs and Excise v. Harz[85] diese Ansicht als nicht dem geltenden Recht entsprechend[86] zurückgewiesen hat, erscheint es zumindest fraglich, ob die bisherige Begriffsbestimmung der „person in authority" uneingeschränkt beibehalten werden kann. Zwar hält das oberste englische Gericht nach wie vor an dem Begriff der „person in authority" als

---

[76] R. v. Upchurch, (1836) 1 Mood. C. C. 465; 168 E. R. 1346; R. v. Warringham, (1851) 2 Den. 447 n.; 169 E. R. 575 (Ehefrau eines Gesellschafters, wenn sich die Tat gegen die Gesellschaft richtet.).

[77] R. v. Simpson, (1834) 1 Mood. C. C. 410; 168 E. R. 1323.

[78] R. v. Hardwick, (1811) 1 C. & P. 98 n.; 171 E. R. 1118.

[79] R. v. Gilham, (1828) 1 Mood. C. C. 186; 168 E. R. 1235.

[80] R. v. Gibbons, (1823) 1 C. & P. 97; 171 E. R. 1117; vgl. aber auch R. v. Nowell, (1948) 32 Cr. App. R. 173.

[81] R. v. Moore, (1852) 5 Cox C. C. 555.

[82] Vgl. z. B. *Kenny*'s Outlines, § 615 (V), S. 533.

[83] So *Baker*, a. a. O., S. 57, unter Berufung auf den Model Code of Evidence, Rule 505; *Cross*, Evid., S. 448; *Cross* and *Jones*, Introduction, S. 450; *Phipson*, a. a. O., RdNr. 796; anders wohl noch R. v. Frewin, (1855) 6 Cox C. C. 530.

[84] Siehe oben, S. 64.

[85] [1967] 2 W. L. R. 297.

[86] Siehe oben, S. 64.

solchem fest, was u. a. aus der Berufung auf die Judges' Rules[87] und auf die Entscheidung Ibrahim v. R.[88] eindeutig hervorgeht; es erklärt jedoch nirgends, wie der Begriff nunmehr im einzelnen auszulegen ist.[89] Es erscheint nicht ausgeschlossen, daß auf Grund der höchstrichterlichen Entscheidung in Zukunft in den Fällen, in denen sich das inducement nicht auf die Verfolgung der von dem Beschuldigten einzugestehenden Tat bezieht, unter den Begriff der „person in authority" auch diejenige Person fällt, die zwar keine Möglichkeit hat, das gerade anstehende Verfahren selbst irgendwie zu beeinflussen, die aber doch ohne weiteres in der Lage ist, das dem Beschuldigten in bezug auf die Verfolgung einer anderen Tat gegebene Versprechen (promise) zu erfüllen bzw. die ausgesprochene Drohung (threat) wahr zu machen.

Hierzu abschließend bleibt noch folgendes zu erwähnen: Der Beweis eines Zugeständnisses oder Geständnisses kann u. U. zulässig sein trotz der Tatsache, daß der Beschuldigte zu dessen Abgabe ursprünglich durch ein inducement seitens einer person in authority im obigen Sinne veranlaßt werden sollte. Ein solcher Fall liegt dann vor, wenn keine vernünftigen Zweifel bestehen, daß das inducement zur Zeit der Abgabe der admission oder confession infolge inzwischen vergangener Zeit oder wegen neu hinzukommender bzw. hinzugekommener Umstände keinerlei Wirkung mehr auf den Beschuldigten gehabt hat, dieser also auch nicht durch dasselbe zur Abgabe jener Erklärungen bestimmt worden sein kann.[90]

### *c) Der Umfang der Zulassung von Admissions und Confessions*

Grundsätzlich dürfen nur diejenigen informal extrajudicial[91] gegenüber einem Dritten abgegebenen Erklärungen „as proof of the truth of their contents" zugelassen werden, die „adverse to the maker's case" sind[92], nicht dagegen sogenannte „self-serving statements", das sind — etwas allgemein ausgedrückt — solche Erklärungen, die einen für den Erklärenden günstigen Inhalt haben. Der Grund dafür ist die Annahme, daß eine für den Erklärenden ungünstige Erklärung in der Regel der Wahrheit entspricht — jedenfalls sehr viel eher als eine günstige —, so daß auf die Möglichkeit, sie in einem Kreuzverhör auf

---

[87] A. a. O., S. 307; siehe hierzu auch oben, S. 60, Anm. 33.

[88] [1914] A. C. 599.

[89] Auch der Court of Criminal Appeal enthält sich in der später ergangenen Entscheidung R. v. Wilson and Marshall-Graham, (1967) 51 Cr. App. R. 194, insoweit jeder Stellungnahme, obwohl es gerade um die Frage ging, ob eine bestimmte Person als eine „person in authority" anzusehen ist.

[90] Siehe hierzu vor allem R. v. Smith, (1959) 43 Cr. App. R. 121 (128 f.).

[91] Siehe oben, S. 58.

[92] *Cross,* a. a. O., S. 431.

ihren Wahrheitsgehalt hin zu überprüfen, verzichtet werden kann.[93] Wird jedoch von dem Ankläger eine Erklärung, die Zugeständnisse oder ein Geständnis des Angeklagten enthält, als Beweis gegen den letzteren in das Verfahren eingeführt, so muß regelmäßig die gesamte von dem Angeklagten abgegebene Erklärung vorgebracht werden, also auch diejenigen Teile des statement, die für ihn günstig sind.[94] Davon ausgenommen sind nur solche Passagen, die sich auf Straftaten beziehen, die nicht Gegenstand des Verfahrens sind, sofern der Angeklagte „has not put his character in issue".[95] Allerdings kann die Jury in jedem Fall „attach different weight to different parts of the statement".[96]

### *d) Die wichtigsten Formen, in denen Admissions und Confessions erfolgen können*

Im einschlägigen Schrifttum wird zwar — mehr oder weniger ausführlich — aufgezeigt, in welchen Formen die admissions eines Beschuldigten erfolgen können, doch finden sich in dieser Hinsicht kaum irgendwelche Ausführungen bezüglich der dort getrennt erörterten confessions. Dies bedeutet aber keineswegs, daß die letzteren insoweit einer anderen Regelung unterliegen als die admissions; vielmehr erklärt sich die getrennte Behandlung in der Literatur dadurch, daß nach der bisher von der Rechtsprechung und in der Rechtslehre vertretenen — vom House of Lords jedoch abgelehnten — Ansicht für die Zulassung von confessions strengere Voraussetzungen erfüllt sein mußten als für die Zulassung von admissions.[97] Da grundsätzlich die Geständnisse jedoch in denselben Formen abgelegt werden können wie die Zugeständnisse[98], sollen hier im folgenden beide Arten zusammen behandelt werden.

#### aa) Wort und Schrift

Daß ein Täter Zugeständnisse wie Geständnisse sowohl in mündlicher[99] als auch in schriftlicher Form ablegen kann, liegt auf der Hand, ist unproblematisch und braucht daher nicht weiter erörtert zu werden.

---

[93] Dazu oben, S. 56 ff.; *Baker*, a. a. O., S. 32.

[94] R. v. Jones, (1827) 2 C. & P. 629; 172 E. R. 285; R. v. Higgins, (1829) 3 C. & P. 603; 172 E. R. 565; *Phipson*, a. a. O., RdNr. 682 und 812.

[95] *Halsbury*'s Laws of England, Vol. 10, Nr. 871; R. v. Knight and Thompson, (1946) 31 Cr. App. R. 52.

[96] *Baker*, a. a. O., S. 62; R. v. Higgins, a. a. O.

[97] Vgl. oben, S. 60.

[98] *Cross*, Evidence, S. 445: "When they (sc. confessions) are not made under an inducement held out by someone in authority, they are governed by the law regulating the reception of a party's admissions."

[99] "Oral admissions may be made by one person to another or even to himself" — R. v. Simons, (1834) 6 C. & P. 540; 172 E. R. 1355.

bb) Aktives Verhalten des Beschuldigten

Es soll hier nicht näher auf die Frage eingegangen werden, ob das aktive Verhalten einer Person als solches bereits eine admission oder confession darstellt bzw. darstellen kann oder ob in einem derartigen Verhalten Akte zu sehen sind, aus denen gegebenenfalls auf ein Zugeständnis oder Geständnis der betreffenden Person geschlossen werden darf.[100] Unbestritten ist heute jedenfalls, daß ein solches Verhalten (conduct)

> "in the litigation of a party to it, if it is such as to lead to the reasonable inference that he disbelieves in his own case, may be proved and used as evidence against him"[101],

und zwar im Sinne einer admission oder confession. Die hierfür in Betracht kommende Grundsatzentscheidung ist bereits im Jahre 1870 in dem zivilen Rechtsstreit Moriarty v. The London, Chatham and Dover Railway Co.[102] gefällt worden; dort hatten die Kläger — ein Ehepaar — Schadenersatz für Verletzungen begehrt, die die Klägerin bei einem Unfall während der Fahrt mit einem Zug der Beklagten erhalten haben wollte. Der Beklagten wurde nun in dem Verfahren gestattet, Beweis dafür anzutreten, daß der Kläger versucht hatte, Zeugen zu einer für sie — die Kläger — günstigen Falschaussage zu verleiten: *Lush, J.*, erklärte in seinem judgment u. a.,

> "that this species of evidence is receivable, and is receivable as an admission by the party that the case he was putting forward was not a true one. It was an admission by conduct and was receivable on that ground."[103]

cc) Reaktionen des Beschuldigten auf Erklärungen, die in seiner Gegenwart von Dritten abgegeben werden

Gibt ein Dritter in Gegenwart und Hörweite (in the presence and hearing) einer Person eine Erklärung ab, in der er diese Person beschuldigt, sich in einem konkreten Fall in rechtlich zu mißbilligender Weise verhalten zu haben, so kann im allgemeinen mit einer der folgenden Reaktionen seitens des Beschuldigten gerechnet werden: entweder er äußert sich zu dem Vorwurf überhaupt nicht, schweigt also einfach, oder er weist ihn zurück, oder aber er gibt dazu irgendwelche Erklärungen ab. Und jeweils stellt sich die Frage, ob in der betreffenden Reaktion ein Zugeständnis oder Geständnis der ihm vorgeworfenen Tat zu sehen ist, das unter Beweis gestellt werden

---

[100] Hierzu näher *Baker*, a. a. O., S. 34 f.

[101] R. v. Watt, (1905) 20 Cox C. C. 852 (853); *Baker*, a. a. O., S. 34 f.; *Cross*, a. a. O., S. 432 f.

[102] (1870) 22 L. T. 163.

[103] A. a. O., S. 167.

darf. Die Frage ist dann ohne weiteres zu bejahen, wenn der Beschuldigte durch sein Verhalten — sei es ausdrücklich, sei es stillschweigend — die Richtigkeit des in seiner Gegenwart gegen ihn erhobenen Vorwurfs unmißverständlich zugegeben, die Erklärung des Dritten bzw. deren Inhalt sich damit also zu eigen gemacht hat.[104] Denn in der noch heute als leading decision anzusehenden Entscheidung des House of Lords in dem Fall D. P. P. v. Christie[105] hat Lord *Atkinson* in seinem judgment klar und eindeutig ausgeführt, daß

> "the rule of law undoubtedly is that a statement made in the presence of an accused person, even upon an occasion which should be expected reasonable to call for some explanation or denial from him, is not evidence against him of the facts stated, save so far as he accepts the statement, so as to make it, in effect, his own. If he accepts the statement in part only, then to that extent alone does it become his statement. He may accept the statement by word or conduct, action or demeanour, and it is the function of the jury which tries the case to determine whether his words, action, conduct, or demeanour at the time when a statement is made amounts to an acceptance of it in whole or in part."[106]

In der Praxis treten allerdings vielfach erhebliche Schwierigkeiten in dem Augenblick auf, wo die Reaktion des Beschuldigten nicht offensichtlich und unmißverständlich als seine Anerkennung, daß der Inhalt der Erklärung des Dritten richtig sei, angesehen werden kann. Die heute maßgebenden Grundsätze für die Beantwortung der Frage, wann und unter welchen Voraussetzungen derartige Erklärungen zusammen mit dem Verhalten des Beschuldigten als Beweis in das Verfahren eingeführt werden dürfen, sind ebenfalls in der Entscheidung D. P. P. v. Christie niedergelegt worden. Vor dieser Entscheidung wurde es allgemein als eine rule of law angesehen,

> "that the contents of such statements should not be given in evidence unless the judge is satisfied that there is evidence fit to be submitted to the jury that the prisoner by his answer to them, whether given by word or conduct, acknowledged the truth of the whole or part of them. If there be no such evidence, then the contents of the statements should be excluded".[107]

Das House of Lords hat demgegenüber jedoch erklärt,

> "that there is no rule of law that evidence cannot be given of the

---

[104] Vgl. z. B. *Cross*, a. a. O., S. 435; *Phipson*, a. a. O., RdNr. 762, 764.

[105] (1914) 10 Cr. App. R. 141.

[106] A. a. O., S. 155; R. v. Dickson, [1962] Crim. L. R. 467; R. v. Dinmore, [1962] Crim. L. R. 627.

[107] R. v. Norton, (1910) 5 Cr. App. R. 65 (74 f.); bezüglich der früher auch vertretenen Ansicht, wonach derartige Erklärungen unter Beweis gestellt werden durften, sofern nur feststand, daß sie in Gegenwart und Hörweite des Beschuldigten abgegeben worden waren, siehe *Cross*, a. a. O., S. 435.

accused being charged with the offence, and of his behaviour on hearing such charge where that behaviour amounts to a denial of his guilt."[108]

Immerhin hat das Gericht aber die vorgenannte rule als eine rule of practice anerkannt, die in den meisten Strafverfahren zu beachten sei; Lord *Moulton* führt in seinem judgment schließlich aus,

"that the evidential value of the behaviour of the accused where he denies the charge is very small either for or against him; whereas the effect on the minds of the jury of his being publicly or repeatedly charged to his face with the crime might seriously prejudice the fairness of his trial. In my opinion, therefore, a judge would in most cases be acting in accordance with the best traditions of our criminal procedure if he exercised the influence which he rightly possesses over the conduct of a prosecution in order to prevent such evidence being given in cases where it would have very little or no evidential value."[109]

Somit steht es in Strafsachen letztlich im Ermessen des erkennenden Richters, ob er derartigen Beweis ausschließt oder ob er ihn für zulässig erklärt und damit die Jury entscheiden läßt, inwieweit in der Reaktion des Beschuldigten auf die Erklärung des Dritten eine Anerkennung der Richtigkeit derselben zu sehen ist; im letzteren Falle obliegt es ihm, die Jury gegebenenfalls dahin zu belehren,

"to disregard the statement altogether if there is no evidence that the accused acknowledged its truth by words or conduct, or if it is not relevant to the state of mind or conduct of the accused for some other reason."[110]

Schließlich sei in dem Zusammenhang noch kurz auf folgendes hingewiesen: Reagiert der Beschuldigte auf die in seiner Gegenwart abgegebene Erklärung eines Dritten in der Weise, daß er den darin enthaltenen Vorwurf zurückweist, so bedeutet dies ja grundsätzlich, daß er die Richtigkeit der Erklärung nicht anerkennt. Entsprechend den vorstehenden Ausführungen müßte daher die derart beantwortete Erklärung von vornherein als Beweis im Sinne einer admission oder confession des Beschuldigten unzulässig sein. Das House of Lords hat jedoch ausdrücklich erklärt, daß keineswegs davon ausgegangen werden könne,

"that a mere denial by the accused of the facts mentioned in the statement necessarily renders the statement inadmissible, because he may deny the statement in such a manner, and under such circumstances as may lead a jury to disbelieve him, and constitute evidence from which an acknowledgment may be inferred by them."[111]

---

[108] D. P. P. v. Christie, a. a. O., S. 161, per Lord *Moulton.*

[109] A. a. O., S. 161.

[110] *Cross,* a. a. O., S. 437; *Phipson,* RdNr. 765; D. P. P. v. Christie, a. a. O., S. 156; R. v. Curnock, (1914) 10 Cr. App. R. 207.

[111] D. P. P. v. Christie, a. a. O., S. 156 und 160.

In der Entscheidung Wiedemann v. Walpole[112] schließlich sind klar und prägnant die Gesichtspunkte niedergelegt, die bei der Beurteilung des Verhaltens des Beschuldigten regelmäßig zu beachten sind, wenn dieser sich zu dem in der Erklärung des Dritten enthaltenen Vorwurf selbst überhaupt nicht geäußert hat; dort heißt es insoweit:

> "Silence is not evidence of an admission, unless there are circumstances which render it more reasonably probable that a man would answer the charge made against him than that he would not."[113]

In bestimmten Fällen sind diese Gesichtspunkte allerdings unbeachtlich: Beschuldigt ein Polizeibeamter eine Person einer strafbaren Handlung und spricht die nach den Judges' Rules vorgeschriebene „caution"[114] aus, so darf, wenn der Beschuldigte sich zu dem Vorwurf selbst nicht weiter äußert, in dem späteren Verfahren gegen ihn sein seinerzeitiges Schweigen in keinem Fall zu seinem Nachteil ausgelegt werden.[115] Ebenso kann der Beschuldigte die förmliche Frage des committing magistrate, ob er zu der Beschuldigung etwas sagen wolle, mit Schweigen beantworten, ohne daß dies dann etwa als sein Eingeständnis, die Beschuldigung treffe zu, angesehen werden darf.[116] Darüber hinaus hat der Court of Criminal Appeal in bezug auf die vom Richter für die Jury zu gebende Zusammenfassung des Falles (summing-up) folgendes bemerkt:

> "It is probably better, where a person has been charged with a criminal offence after having been cautioned and has either made no answer at all, or has made some observation which in itself is not in the nature of an explanation of the charge, that the presiding Judge should say nothing about it beyond telling the jury exactly what was said or not said on that occasion, because many observations of different sorts by learned Judges have from time to time been made the subject of appeals to this Court."[117, 118]

---

[112] [1891] 2 Q. B. 534.

[113] A. a. O., S. 539.

[114] Die nach den Judges' Rules vorgesehene caution lautet: "You are not obliged to say anything unless you wish to do so but what you say may be put into writing and given in evidence." — Abgedr. in: [1964] Crim. L. R. 167.

[115] R. v. Whitehead, (1928) 21 Cr. App. R. 23; R. v. Charavanmuttu, (1930) 22 Cr. App. R. 1; R. v. Leckey, (1943) 29 Cr. App. R. 128; siehe hierzu auch *Phipson*, RdNr. 767.

[116] Vgl. hierzu die Ausführungen von Lord Chief Justice *Hewart* in R. v. Naylor, (1932) 23 Cr. App. R. 177 (179 ff.).

[117] R. v. Tune, (1944) 29 Cr. App. R. 162 (165).

[118] Ausführliche Hinweise auf die Rechtsprechung, die zu der vorstehend behandelten Frage der statements made in the presence of a party ergangen ist, finden sich bei *Phipson*, a. a. O., RdNr. 772 ff.

### dd) Admissions und Confessions, die von Dritten für den Beschuldigten abgelegt werden

Ferner besteht die Möglichkeit, daß ein Dritter eine Erklärung abgibt, in der er für den Beschuldigten — gleichsam als dessen Stellvertreter — ein Zugeständnis macht oder ein Geständnis ablegt. Da diese admissions und confessions nicht vom Beschuldigten selbst stammen, aber als „seine" angesehen werden sollen, stellt sich hier verständlicherweise besonders eindringlich die Frage, inwieweit sie als Beweis gegen ihn zulässig sind. Entsprechend den Ausführungen im voranstehenden Abschnitt bestehen auch hier insoweit keinerlei Zweifel an der Zulässigkeit, als der Beschuldigte die Erklärung des Dritten — sei es ausdrücklich, sei es stillschweigend — zu seiner eigenen macht[119]; denn in dem Falle kann das in der Erklärung enthaltene Zugeständnis oder Geständnis so behandelt werden, als habe es der Beschuldigte selbst unmittelbar gemacht bzw. abgelegt. Neben diesen Fällen, in denen der Beschuldigte die von dem Dritten für ihn abgegebene Erklärung willentlich zu seiner eigenen macht, können unter bestimmten Voraussetzungen derartige Erklärungen Dritter als Beweis gegen den Beschuldigten auch unabhängig davon zulässig sein, ob dieser sie anerkennt oder nicht. Dabei sind natürlich für ein Strafverfahren, da ein solches, insbesondere ein verurteilendes Straferkenntnis, gewöhnlich einen erheblichen Eingriff in die privaten Belange des Angeklagten bedeutet, besonders strenge Anforderungen an die Zulässigkeitsvoraussetzungen gestellt.[120] Daß dies in besonderer Weise hinsichtlich der confessions gilt, folgt schon aus der Natur des Geständnisses als dem Eingestehen ganz persönlicher Schuld. So wird denn die von einem Dritten abgegebene Erklärung, die den „guilty intent" des Beschuldigten aufzeigt, als Beweis gegen den letzteren für das Gebiet des Strafverfahrensrechts auch nur in einem Fall für zulässig erachtet: In einem Verfahren wegen Verschwörung (conspiracy) dürfen sämtliche Erklärungen eines Verschwörers, sofern sie sich auf im Zusammenhang mit der Verschwörung stehende Handlungen, Erklärungen usw. beziehen, als Beweis gegen den anderen oder die anderen Verschwörer verwendet werden.[121] Demgegenüber sind admissions, die von einem Dritten für den Beschuldigten gemacht werden, auch in Strafverfahren in mehreren Fällen als Beweis zu-

---

[119] *Halsbury*'s Laws of England, Vol. 10, Nr. 868. — So auch *Baker* bezüglich der confessions, a. a. O., S. 61.

[120] Dazu R. v. Downer, (1880) 14 Cox C. C. 486.

[121] R. v. Hunt and Others, (1820) 3 B. & Ald. 566; 106 E. R. 768; R. v. Blake and Tye, (1844) 6 Q. B. 126; 115 E. R. 49. — *Baker*, Hearsay Rule, S. 51 und 61.

lässig.[122] Da in der Praxis tatsächlich aber nur zwei Fällen einige Bedeutung zukommt, sollen die Ausführungen hier auf diese beschränkt werden: Verweist der Beschuldigte eine Person, die von ihm bestimmte Auskünfte begehrt, an einen Dritten, damit dieser die Auskünfte für ihn erteile, so können die betreffenden Erklärungen des Dritten gegebenenfalls als Zugeständnisse des Beschuldigten gegen denselben unter Beweis gestellt werden.[123] Der insoweit geltende Grundsatz ist bereits Anfang des vorigen Jahrhunderts von Lord Chief Justice *Ellenborough* in der Entscheidung Williams v. Innes[124] wie folgt dargelegt worden:

> "If a man refers another upon any particular business to a third person, he is bound by what this third person says or does concerning it, as much as if that had been said or done by himself."[125]

Daß dieser Grundsatz gleichermaßen in Strafverfahren gilt, zeigt die Entscheidung des Court for Crown Cases Reserved in dem Fall R. v. Mallory[126]: Dort — einem Verfahren wegen Hehlerei — war für die Entscheidung wesentlich, zu welchem Preis der angeklagte Händler die gestohlenen Gegenstände aufgekauft hatte. Die Sachen waren im Zuge der Ermittlungen in einer Diebstahlssache in dem Geschäft des bis dahin nicht verdächtigten Angeklagten entdeckt worden. Ein Polizeibeamter hatte ihn daraufhin gefragt, wann er die betreffenden Sachen gekauft habe, und zur Antwort erhalten, seine — des Angeklagten — Ehefrau werde eine Liste mit den Angaben zusammenstellen. Am nächsten Tag war dann einem anderen Polizeibeamten von der Ehefrau des Angeklagten in dessen Beisein eine bestimmte Liste als die angekündigte ausgehändigt worden. Auf ihr waren über die gewünschten Angaben hinaus auch die Preise verzeichnet, die der Angeklagte für die einzelnen Sachen bezahlt hatte. Diese Liste wurde, obwohl sie nicht von dem Angeklagten selbst erstellt oder ausgehändigt worden war, in dem folgenden Hehlerei-Verfahren gegen ihn als Beweis dafür zugelassen, welchen Preis er für die Gegenstände gezahlt und daß er sie weit unter ihrem wirklichen und erkennbaren Wert gekauft hatte.[127]

Ebenso können unter Umständen die schriftlichen Erklärungen eines solicitor, die dieser für seinen Klienten abgibt, gegen den letzteren als dessen admissions unter Beweis gestellt werden. In Betracht

---

[122] Über das Ausmaß der Zulässigkeit solcher admissions in zivilen Rechtsstreitigkeiten siehe z. B. *Baker,* a. a. O., S. 47 ff.; *Cross,* a. a. O., S. 439 ff.; *Phipson,* a. a. O., RdNr. 701 ff.

[123] *Cross,* a. a. O., S. 441; *Phipson,* a. a. O., RdNr. 745.

[124] (1808) 1 Camp. 364; 170 E. R. 987.

[125] A. a. O., S. 365 bzw. 987.

[126] (1884) 15 Cox C. C. 456.

[127] Siehe hierzu auch die Entscheidungen R. v. Gray, (1911) 6 Cr. App. R. 242, und R. v. Campbell, (1912) 8 Cr. App. R. 75.

kommen vor allem die Fälle, in denen jemand etwas „by false pretences“ von einem Dritten erlangen will und sich dabei der Hilfe eines solicitor bedient, indem er diesem gegenüber die falschen Angaben macht und ihn die Forderungen an den Dritten stellen läßt. Erhebt der solicitor die Forderungen in einem Schreiben, so kann in dem Strafverfahren gegen den Klienten wegen des vollendeten oder versuchten „obtaining something by false pretences“ dieses Schreiben als Beweis dafür zugelassen werden, daß der Angeklagte tatsächlich die betreffenden falschen Angaben gemacht hat. Voraussetzung ist allerdings, daß zuvor bewiesen wird, daß das Schreiben des solicitor auf Grund der ausdrücklichen Instruktionen des Klienten geschrieben worden ist:

"Knowing how inaccurate solicitors sometimes are in making claims for compensation on behalf of clients, the client cannot in a criminal case be made responsible unless it is proved that the letter making the claim is written in pursuance of the instructions of the client."[128]

Nach dieser Entscheidung des Court for Crown Cases Reserved ist die genannte Voraussetzung nicht erfüllt, wenn der solicitor das Schreiben aufgesetzt hat nur „in consequence of an interview“ mit seinem Klienten; denn nur ein

"letter written by the instructions of the client is equivalent to a letter written by the client himself."[129, 130]

ee) Belastende Erklärungen von Mitangeklagten

In einem engen Zusammenhang mit dem vorstehend Erörterten steht schließlich auch die Frage, inwieweit in einem Strafverfahren gegen zwei oder mehrere Angeklagte (joint trial) die Erklärungen eines Angeklagten, durch die der andere Angeklagte mit belastet wird, als Beweis gegen den letzteren zulässig sind.[131] Der Court of Criminal Appeal hat in der Entscheidung R. v. Rudd[132] ausdrücklich erklärt, daß seit seinem Bestehen für die Beantwortung dieser Frage unverändert die rule of law maßgebend sei,

"while a statement made in the absence of the accused person by one of his co-defendants cannot be evidence against him, if a co-defendant goes into the witnessbox and gives evidence in the course of a joint trial, then

---

[128] So Justice *Denman* in der Entscheidung des Court for Crown Cases Reserved in dem Fall R. v. Downer, (1880) 14 Cox C. C. 486 (489).

[129] A. a. O., S. 489, per *Cockburn, C. J.*

[130] Siehe auch R. v. Walker, (1844) 1 Cox C. C. 99, und R. v. Simmonds, (1850) 4 Cox C. C. 277, die die von einem counsel bzw. attorney für den Angeklagten in einem früheren Verfahren abgegebenen Erklärungen betreffen.

[131] Auszuklammern sind hier die Verfahren wegen conspiracy; vgl. dazu oben, S. 73.

[132] (1948) 32 Cr. App. R. 138.

what he says becomes evidence for all the purposes of the case including the purpose of being evidence against his co-defendant."[133, 134]

Dieses statement of the law darf allerdings nicht dahin verstanden werden, daß *nur* die „in the absence of the accused person by one of his co-defendants" abgegebenen Erklärungen als Beweis gegen jene unzulässig sind; denn:

"When two people are indicted together for a criminal offence and one pleads Guilty and the other does not, ... the fact that he has pleaded Guilty is no evidence against his co-prisoner",[135]

und grundsätzlich muß man davon ausgehen, daß in einem solchen Verfahren sich der eine Angeklagte nicht in Abwesenheit des anderen, sondern in dessen Anwesenheit für schuldig bekennt.[136]

### *e) Der Beweis von Tatsachen, die auf Grund unzulässiger Admissions oder Confessions entdeckt werden*

Grundsätzlich sind jegliche Entdeckungen tatsächlicher Art, die infolge einer admission oder confession des Beschuldigten gemacht, wie auch documents, die auf diese Weise gefunden werden, gegen den Angeklagten als Beweis selbst dann zulässig, wenn das Zugeständnis oder Geständnis, das zu der Entdeckung geführt hat, unzulässig ist, also nicht unter Beweis gestellt werden darf.[137] Folgendes Beispiel mag das veranschaulichen: Jemand gesteht einem Dritten, einen Menschen getötet und die Leiche in seinem Keller versteckt zu haben; der Leichnam wird daraufhin an der angegebenen Stelle gefunden. In dem Verfahren wegen dieses Tötungsdelikts kann die Tatsache, daß die Leiche in dem Keller des Angeklagten gefunden wurde, selbst dann gegen diesen unter Beweis gestellt werden, wenn das seiner-

---

[133] A. a. O., S. 140; vgl. auch R. v. Dibble, alias Corcoran, (1908) 1 Cr. App. R. 155; R. v. Pope, (1909) 2 Cr. App. R. 22; R. v. Gunewardene, (1951) 35 Cr. App. R. 80.

[134] Eine andere Frage ist natürlich, inwieweit die Erklärungen eines Mitangeklagten, wenn sie als Beweis gegen einen anderen Mitangeklagten zulässig sind, als Aussage eines „accomplice" noch einer corroboration bedürfen, um Grundlage einer Verurteilung bilden zu können; siehe dazu R. v. Rudd, a. a. O., S. 143.

[135] R. v. Moore, (1956) 40 Cr. App. R. 50 (53 f.); siehe auch *Halsbury's* Laws, Vol. 10, Nr. 869.

[136] Hinsichtlich des richterlichen Ermessens, in einem solchen Fall ein separate trial anzuordnen: R. v. Buggy, (1961) 45 Cr. App. R. 298.

[137] R. v. Jones, (1809) Russ. & Ry. 152; 168 E. R. 733; R. v. Jenkins, (1822) Russ. & Ry. 492; 168 E. R. 914; R. v. Berriman, (1854) 6 Cox C. C. 388; R. v. Leatham, (1861) 8 Cox C. C. 498; einen Überblick über weitere Entscheidungen gibt *Baker*, a. a. O., S. 58 ff.

zeitige Geständnis als Beweis unzulässig ist, etwa weil es durch ein inducement seitens einer person in authority erzielt worden war.[138]

Eine Ausnahme macht der Court of Criminal Appeal allerdings für solche Fälle, wo das Zugeständnis oder Geständnis wegen eines inducement by a person in authority unzulässig ist und

> "as a result of the inducement or threat ... books and documents are in fact produced by the person or persons to whom such inducement or promise is held out".

Das Gericht begründet dies damit, daß

> "such documents so produced stand on precisely the same footing as any oral or written confession which may be brought into existence as the result of such promise."[139]

Im übrigen läßt jedoch zu dieser Frage die vorhandene Rechtsprechung nicht eindeutig erkennen, ob bei der Beweisführung hinsichtlich der entdeckten Tatsachen auf das der Entdeckung zugrunde liegende, selbst aber als Beweis unzulässige Zugeständnis oder Geständnis in keiner Weise Bezug genommen werden darf oder ob es dem prosecutor unter diesen Umständen gestattet ist, trotz der eigentlichen Unzulässigkeit der betreffenden Erklärung wenigstens denjenigen Teil des statement als Beweis vorzubringen, „which relates strictly to the facts discovered". Die Mehrzahl der ergangengen Entscheidungen lehnt das letztere allerdings ab.[140]

## 2. DYING DECLARATIONS

### *a) Allgemeines*

Eine weitere, für den englischen Strafprozeß ebenfalls sehr bedeutsame Ausnahme von der Hearsay Rule besagt, daß in einem Strafverfahren wegen murder oder manslaughter die von dem Getöteten vor seinem Tode gegenüber einem Dritten noch abgegebenen Erklärungen (dying declarations) als Beweis für die Ursache und die Umstände des Todes zulässig sind, sofern der Erklärende sich bei der Abgabe derselben „under a settled hopeless expectation of death" befand und im Überlebensfalle in dem Verfahren ein kompetenter Zeuge gewesen wäre.[141] Noch heute wird die von Chief Baron *Eyre*[142]

---

[138] Vgl. oben, S. 60 ff.

[139] R. v. Barker, (1941) 28 Cr. App. R. 52 (59).

[140] Dazu ausführlich *Baker*, a. a. O., S. 58 ff., der die einzelnen Entscheidungen darauf näher untersucht.

[141] *Archbold*, a. a. O., § 1082; *Baker*, a. a. O., S. 87; *Cross*, a. a. O., S. 419; *Halsbury*'s Laws, Vol. 10, Nr. 1389; *Kenny*'s Outlines, § 606; *Phipson*, a. a. O., RdNr. 1051.

[142] R. v. Woodcock, 1 Leach C. C. 500; 168 E. R. 352.

im Jahre 1789 für die Zulässigkeit gegebene Begründung als die treffendste angesehen:

> "The general principle on which this species of evidence is admitted is, that they are declarations made in extremity, when the party is at the point of death, and when every hope of this world is gone: when every motive to falsehood is silenced, and the mind is induced by the most powerful considerations to speak the truth: a situation so solemn, and so awful, is considered by the law as creating an obligation equal to that which is imposed by a positive oath administered in a Court of Justice."[143]

Tatsächlich kommt jedoch dieser Begründung unter den heutigen Verhältnissen nur noch eine äußerst geringe Überzeugungskraft zu, denn ihre Angreifbarkeit ist offensichtlich. Daß sie ausgereicht hat, eine immerhin sehr bedeutsame Ausnahme von der Hearsay Rule zum festen Bestandteil des Beweisrechts zu machen, kann nur aus der Einstellung und dem Denken des englischen Volkes in der damaligen Zeit verstanden werden. Daher ist der Ansicht von *Cross* zuzustimmen, daß diese Begründung „may or may not be sound psychology, but it is doubtful whether an exception on the particular basis stressed by *Eyre, C. B.*, would have been evolved in the twentieth century".[144] Dessenungeachtet handelt es sich aber um eine absolut anerkannte und geltende Ausnahme von der Hearsay Rule.

### *b) Voraussetzungen für die Zulässigkeit*

aa) Der Tod des Erklärenden

Es bedarf keiner weiteren Erörterung, daß die Zulassung einer dying declaration als Ausnahme von der Hearsay Rule nur dann in Betracht kommt, wenn der Erklärende nach Abgabe der betreffenden declaration verstorben ist[145]; anderenfalls könnte er ja selbst als Zeuge vernommen werden, und dann würde es sich nicht um hearsay, sondern um direct evidence handeln.

bb) Gegenstand des Verfahrens muß der Tod des Erklärenden sein

Ursprünglich, d. h. in der 2. Hälfte des 18. Jahrhunderts, waren sämtliche „in articulo mortis" abgegebenen Erklärungen als Beweis zulässig.[146] Ihre Zulässigkeit war weder auf Strafverfahren be-

---

[143] A. a. O., S. 502 bzw. 353.

[144] *Cross*, a. a. O., S. 420.

[145] Vgl. zu dieser Zulässigkeitsvoraussetzung z. B. *Baker*, a. a. O., S. 91.

[146] Einen Überblick über die geschichtliche Entwicklung dieser Ausnahme bringt *Baker*, a. a. O., S. 87 ff.

schränkt, noch mußte, wenn es sich um ein solches handelte, Gegenstand desselben der Tod des Erklärenden sein. Dies geht beispielsweise klar aus den Entscheidungsgründen in dem Fall R. v. Drummond[147] hervor; denn dort — einem Verfahren wegen robbery — wäre die als Beweis angebotene dying declaration noch ohne weiteres zugelassen worden, hätten dem nicht anderweitige — hier nicht interessierende — Umstände entgegengestanden. Spätestens seit der Entscheidung R. v. Mead[148] aus dem Jahre 1824 gilt jedoch als general rule,

> "that evidence of this description is only admissible where the death of the deceased is the subject of the charge, and the circumstances of the death the subject of the dying declaration."[149]

Damit war nicht nur die Zulässigkeit der dying declarations auf Strafverfahren beschränkt, vielmehr mußte nunmehr Gegenstand des Verfahrens speziell die Anklage wegen der Tötung des Erklärenden sein. Dementsprechend sind in den späteren Verfahren R. v. Lloyd and Others[150] sowie R. v. Hind[151] dying declarations als unzulässige Beweismittel zurückgewiesen worden, weil Gegenstand jener Verfahren robbery bzw. eine Abtreibung war und nicht jeweils der Tod desjenigen, der die betreffende dying declaration abgegeben hatte. Zwar war zwischenzeitlich in dem Fall R. v. Baker[152] noch einmal eine von diesem Grundsatz abweichende Entscheidung ergangen, doch wird ihr von den Rechtswissenschaftlern keinerlei praktische Bedeutung im Hinblick auf das „law relating to dying declarations" beigemessen.[153]

cc) Die Erklärung muß sich auf die Umstände der Tötung beziehen

Wie aus den bereits vorstehend wiedergegebenen Worten von Chief Justice *Abbott*[154] folgt, ist weiterhin Voraussetzung für die Zulässigkeit, daß „the circumstances of the death the subject of the dying declaration" sind[155]: In dem Fall R. v. Newton and Carpenter[156] wurden die Angeklagten eines Notzuchtsdelikts an einer Frau beschuldigt. Das Opfer hatte sich nach der Tat die Kehle durchgeschnitten, als Sterbende aber noch eine Erklärung abgegeben, deren

---

[147] (1784) 1 Leach C. C. 337; 168 E. R. 271.

[148] 2 B. & C. 605; 107 E. R. 509.

[149] A. a. O., S. 608 bzw. 510; als general rule noch einmal ausdrücklich vom C. C. A. bestätigt in R. v. Hind, (1860) 8 Cox C. C. 300.

[150] (1830) 4 C. & P. 233; 172 E. R. 684.

[151] (1860) 8 Cox C. C. 300.

[152] (1837) 2 M. & Rob. 53; 174 E. R. 211.

[153] Vgl. z. B. *Baker*, a. a. O., S. 95, und *Cross*, a. a. O., S. 421.

[154] Oben, Anm. 149.

[155] Siehe oben.

[156] (1859) 1 F. & F. 641; 175 E. R. 887.

Inhalt sich auf die Tat der Angeklagten, also auf die Notzucht, bezog. Diese Erklärung war als Beweis nicht nur deswegen unzulässig, weil nicht der Tod der Erklärenden Gegenstand des Verfahrens war, sondern darüber hinaus auch, weil sie (die Erklärung) „does not relate to the offence which caused the death."[157]

dd) Der Zustand des Erklärenden bei der Abgabe der Erklärung

Eine weitere unabdingbare Voraussetzung für die Zulässigkeit einer dying declaration als Beweis ist, daß bei der Abgabe derselben „the declarant should be quite convinced of his approaching end"[158]; ja, der Sterbende darf zu dem Zeitpunkt auch keine noch so geringe Hoffnung auf Genesung mehr gehabt haben. Ein sehr anschauliches Beispiel dafür, wie streng von den Gerichten auf die Erfüllung dieser Bedingung geachtet wird, bildet der Fall R. v. Jenkins[159]: Dort gab die Sterbende gegenüber einem magistrate's clerk eine dying declaration ab, nachdem sie dessen Frage „Have you any present hope of your recovery?" verneint hatte. Der clerk schrieb die Erklärung nieder und las sie dann der Sterbenden mit der Bitte um eventuelle Korrektur vor. Daraufhin ließ sie ihn den Teil, in dem es hieß „No hope of my recovery", abändern in „No hope, at present, of my recovery". Aus dem Einfügen der Worte „at present" haben alle mit dem Fall befaßten fünf Richter gefolgert, daß die Sterbende bei der Abgabe ihrer Erklärung nicht ohne *jede* Hoffnung auf Genesung gewesen sei, und deshalb die Erklärung als unzulässig zurückgewiesen.[160] Dagegen berührt es die Zulässigkeit einer dying declaration in keiner Weise, wenn der Erklärende *nach* der Abgabe seiner Erklärung doch noch die Hoffnung schöpft, wieder zu gesunden.[161] Entscheidend ist allein, wie Lord Chief Justice *Alverstone* es ausgedrückt hat, „whether all hope of life has been abandoned by the declarant at the time when a statement of this kind is made."[162]

Gewöhnlich wird in den Entscheidungen das Erfordernis, daß der Erklärende keinerlei Hoffnung auf Genesung haben darf, mit „no hope of recovery"[163] oder „a settled hopeless expectation of death"[164]

---

[157] 1 F. & F. 641 (643); 175 E. R. 887 (888) — per *Hill,* Justice.

[158] *Baker,* a. a. O., S. 92.

[159] (1869) 11 Cox C. C. 250.

[160] Vgl. zu diesem Punkt auch R. v. Nicolas, (1852) 6 Cox C. C. 129, R. v. Qualter, (1854) 6 Cox C. C. 357, sowie die Entscheidung R. v. Smith, (1887) 16 Cox C. C. 170.

[161] R. v. Hubbard, (1881) 14 Cox C. C. 565; R. v. Austin, (1912) 8 Cr. App. R. 27; anders noch R. v. Fagent, (1835) 7 C. & P. 238; 173 E. R. 105.

[162] R. v. Perry, (1909) 22 Cox C. C. 154 (158).

[163] Z. B. R. v. Spilsbury, (1835) 7 C. & P. 187; 173 E. R. 82; R. v. Jenkins, (1869) 11 Cox C. C. 250.

[164] Z. B. R. v. Peel, (1860) 2 F. & F. 21; 175 E. R. 941; R. v. Perry, a. a. O.

umschrieben; in R. v. Osman[165] wie in R. v. Mitchell[166] wurde zwar von den Richtern darüber hinaus „a settled hopeless expectation of *immediate* death" gefordert, doch ist dies in R. v. Perry[167] vom Court of Criminal Appeal unter Hinweis auf R. v. Gloster[168] ausdrücklich als eine zu weit gehende Forderung zurückgewiesen worden. Somit ist es für die Zulässigkeit einer dying declaration ohne Bedeutung, ob der Erklärende meinte, er werde „immediately" sterben oder nicht, wie es gleichfalls unerheblich ist, wieviel Zeit nun tatsächlich noch bis zum Eintritt des Todes vergangen ist:

"... there is no case in which any particular interval, any number of hours or days is specified as the limit. In truth, the question does not depend upon the length of interval between the death and the declaration, but on the state of the man's mind at the time of making the declaration, and his belief then that he is in a dying state."[169]

In diesem Zusammenhang kommt besonderes Gewicht immer wieder der Frage zu, woraus im konkreten Fall mit hinreichender Sicherheit geschlossen werden kann, daß der Erklärende zur Zeit der Abgabe seiner dying declaration tatsächlich keine Hoffnung auf Genesung gehabt hat. Am einfachsten stellt sich die Beantwortung dieser Frage, wie *Baker* zutreffend meint[170], wenn der Sterbende dies selbst expressis verbis zum Ausdruck gebracht hat. Aber auch aus den verschiedensten äußeren Umständen darf der genannte Schluß ohne weiteres gezogen werden; als solche Umstände sind in der Entscheidung R. v. Spilsbury[171] beispielsweise genannt: wenn der Sterbende angesichts seiner Lage Anordnungen bezüglich der Regelung seiner Angelegenheiten oder der Verteilung seines Hab und Gut trifft, wenn er Direktiven für seine Bestattung gibt oder wenn er von seinen Verwandten und Freunden in einer Weise Abschied nimmt, die deutlich zeigt, daß er keinerlei Hoffnung auf Genesung mehr hat. Nicht so klar läßt sich demgegenüber die Frage beantworten, ob auch *allein* auf Grund der Schwere der Verletzung die Annahme gerechtfertigt sein kann, der Erklärende habe bei der Abgabe seiner dying declaration keine Hoffnung mehr gehabt zu überleben. Grundsätzlich spricht

---

[165] (1881) 15 Cox C. C. 1 (3).
[166] (1892) 17 Cox C. C. 503 (505).
[167] Siehe Anm. 162.
[168] (1888) 16 Cox C. C. 471.
[169] So der Court for Crown Cases Reserved in dem Fall R. v. Reaney and Reddish, (1857) 7 Cox C. C. 209 (212); vgl. ferner R. v. Mosley, (1825) 1 Mood. C. C. 97; 168 E. R. 1200, und R. v. Bernadotti, (1869) 11 Cox C. C. 316, wo beispielsweise dying declarations für zulässig erklärt worden sind, nach deren Abgabe der Erklärende noch 11 Tage bzw. fast 3 Wochen gelebt hat.
[170] A. a. O., S. 92.
[171] (1835) 7 C. & P. 187 (189 f.); 173 E. R. 82 (83 f.).

nichts oder doch nur sehr wenig für die Bejahung dieser Frage, denn es ist nicht ganz einzusehen, inwiefern allein die Natur der Verwundung die Unterstellung begründen oder auch nur nahelegen soll, der Verletzte sei absolut überzeugt gewesen, im Sterben zu liegen. Die englischen Richter haben es denn auch in den letzten einhundert Jahren selbst bei schwersten Verletzungen des Opfers[172] abgelehnt, schon allein aus der Art und Schwere der Wunden zu schließen, daß der Erklärende ebenfalls nicht die geringste Hoffnung auf Genesung gehegt habe.[173] Andererseits ist in jenen Entscheidungen[174] aber nicht niedergelegt worden, daß in keinem Fall und unter gar keinen Umständen der genannte Schluß gezogen werden dürfe. Somit besteht zumindest theoretisch durchaus die Möglichkeit, daß in einem konkreten Fall einmal das Gericht bei Fehlen anderer Indizien nur auf Grund der Art und Schwere der Verletzung die Überzeugung gewinnt, der Erklärende habe tatsächlich keinerlei Hoffnung auf Genesung gehabt, und daß es mit dieser Begründung — sofern auch alle weiteren Voraussetzungen erfüllt sind — die dying declaration als Beweis zuläßt.[175] Im übrigen kann natürlich bei der Beantwortung der Frage, ob der Sterbende nun besagte Hoffnung gehabt hat oder nicht, *neben* anderen Umständen auch sein körperlicher Zustand, in dem er sich eben infolge der erlittenen Verletzung befand, berücksichtigt werden: "You are not only to look at the expressions used, but at the state of the injured person's body".[176]

ee) Die Tauglichkeit des Erklärenden zum Zeugen

Schließlich ist auch noch Voraussetzung für die Zulässigkeit einer dying declaration, daß der Erklärende, wenn er die ihm zugefügten Verletzungen überlebt hätte, nach englischem Prozeßrecht in dem Verfahren als Zeuge hätte vernommen werden dürfen und daß seine Aussage für die Entscheidung verwertbar gewesen wäre.[177]

Noch im 19. Jahrhundert war dies eine verhältnismäßig wichtige Zulässigkeitsvoraussetzung, weil es nach common law vielen Personen aus den verschiedensten Gründen — insbesondere solchen religiöser Art — verwehrt war, als Zeuge vor Gericht auszusagen.[178] Nachdem jener Rechtszustand aber durch zahlreiche Gesetze geändert worden

---

[172] In dem Fall R. v. Morgan, (1875) 14 Cox C. C. 337, beispielsweise war dem Opfer die Kehle bis zum Halswirbel durchgeschnitten worden.

[173] R. v. Cleary, (1862) 2 F. & F. 850; 175 E. R. 1316; R. v. Bedingfield, (1879) 14 Cox C. C. 341; anders jedoch noch das Gericht in Thomas John's Case, (1790) 1 East P. C. 357 f.

[174] Anm. 172 und 173.

[175] Dazu auch *Baker*, a. a. O., S. 93.

[176] R. v. *Whitworth*, (1858) 1 F. & F. 382 (384); 175 E. R. 773 (774).

[177] *Baker*, a. a. O., S. 95 f.; *Phipson*, RdNr. 1056.

[178] Vgl. hierzu z. B. *Phipson*, a. a. O., RdNr. 1056 und 1474.

ist, kommt ihr heute eine Bedeutung wohl nur noch in den Fällen zu, in denen es sich um die dying declaration eines kleinen Kindes oder um die eines Geisteskranken handelt.[179] Vergegenwärtigt man sich die Vorstellung, die der Schaffung dieser Ausnahme von der Hearsay Rule zugrunde liegt[180], so ist die von Justice *Park* in der Entscheidung R. v. Pike[181] gegebene Begründung für die Unzulässigkeit der dying declarations kleiner Kinder noch heute verständlich: Dort wurde die Erklärung eines 4jährigen Mädchens, das im Sterben lag und sich seines Zustands durchaus bewußt war, als Beweis zurückgewiesen, weil nach Ansicht des Richters

> "it is quite impossible that she, however precocious her mind, could have had that idea of a future state which is necessary to make such a declaration admissible."[182]

Entsprechend diesem Standpunkt wurde vom Court for Crown Cases Reserved die dying declaration eines bereits 10jährigen Jungen als ein zulässiges Beweismittel angesehen, weil dessen ganzes Verhalten gezeigt hätte, daß er das geforderte Verständnis und Vorstellungsvermögen von den Folgen einer Lüge für das Leben nach dem Tode besaß.[183] Liegen diese Entscheidungen auch über ein Jahrhundert zurück, so hat doch der Gedanke, auf dem sie beruhen, in seinen Grundzügen nichts von seiner Bedeutung im Hinblick auf die Zulässigkeit von dying declarations in Fällen dieser Art eingebüßt.

### *c) Der Ausschluß von Dying Declarations trotz Vorliegens der Zulässigkeitsvoraussetzungen*

Selbst wenn die vorgenannten Zulässigkeitsvoraussetzungen im konkreten Fall erfüllt sind, muß dennoch unter bestimmten Umständen die an sich zulässige dying declaration vom Richter als Beweismittel zurückgewiesen werden. Das bedeutet nicht etwa — obwohl die Annahme naheliegen könnte —, daß über die bereits dargelegten Voraussetzungen hinaus noch weitere Bedingungen für die Zulässigkeit bestehen. Der Ausschluß in diesen Fällen muß vielmehr aus dem Gedanken heraus verstanden werden, daß bei Vorliegen dieser — noch zu erörternden — Umstände die Zulassung der Erklärung als Beweis der Forderung nach einem „fair trial" für den Angeklagten widersprechen könnte.

So muß ausnahmslos die gesamte dying declaration vom Richter dann als Beweis ausgeschlossen werden, wenn sie auf den ersten Blick

---

179 So auch *Cross*, a. a. O., S. 422.

180 Siehe oben, S. 78.

181 (1829) 3 C. & P. 598; 172 E. R. 562.

182 A. a. O., S. 598 bzw. 563.

183 R. v. Perkins, (1840) 2 Mood. C. C. 135; 169 E. R. 54.

erkennbar unvollständig (incomplete) ist, d. h. wenn der Sterbende — aus welchem Grund auch immer — gehindert war, sie so zu beenden, wie er sie hatte beenden wollen.[184] Der Privy Council hat dies vor allem damit begründet, daß „no one can tell what he was about to add."[185] Das bedeutet allerdings nicht, daß die Erklärung auch dann zurückgewiesen werden muß, wenn der Erklärende in ihr nicht restlos alle Umstände genannt hat, die im Hinblick auf die Tat von Bedeutung sind.[186] Entscheidend für die Zurückweisung ist allein, daß der Sterbende nicht all das hat erklären können, was er selber zu erklären wünschte.

Nicht so sicher ist dagegen, ob die an sich zulässige dying declaration ebenfalls als Beweis auszuschließen ist, wenn der Zeuge, der in dem Verfahren über sie vernommen wird, sie nicht in ihrem genauen Wortlaut wiederzugeben vermag oder wenn sie nur auf Grund von Fragen an den Sterbenden erzielt worden ist. In dem Fall R. v. Smith[187] hatte die sterbende Person eine Erklärung abgegeben, wobei ihr auch Fragen gestellt worden waren. Der spätere Zeuge legte etwa zwei Stunden nach der Abgabe der Erklärung eine Zusammenfassung derselben schriftlich nieder; am folgenden Tag wurde sie der Sterbenden vorgelesen, wobei ihr wiederum Fragen, und zwar auch Suggestivfragen, gestellt wurden. Der Court of Criminal Appeal hat diese schriftliche Zusammenfassung der dying declaration als Beweis zugelassen, ohne sich in seinen Entscheidungsgründen auch nur irgendwie dazu zu äußern, daß weder der Zeuge die Erklärung hat wörtlich wiedergeben können noch daß der Sterbenden im Zusammenhang mit der Erklärung Fragen gestellt worden waren.[188] Und in R. v. Fagent[189] ist eine dying declaration zugelassen worden, obwohl die Verteidigung ihren Einspruch gegen sie ausdrücklich darauf gestützt hatte, daß die Erklärung kein aus eigenem Antrieb der Sterbenden abgegebenes, zusammenhängendes statement sei, sondern nur aus deren Antworten auf Fragen bestünde. Eine entgegengesetzte Entscheidung ist dann im Jahre 1892 in dem Fall R. v. Mitchell[190] ergangen: Dort bestand die dying declaration in einer sinngemäßen schriftlichen Zusammenfassung der Antworten, die die Sterbende auf entsprechende Fragen gegeben hatte. Der Richter wies sie u. a. ausdrücklich mit der Begründung zurück, daß eine

> "declaration should be taken down in the exact words which the person who makes it uses, in order that it may be possible, from those words, to

---

[184] So der Privy Council in Waugh v. R., [1950] A. C. 203.

[185] A. a. O., S. 212, per Lord *Oaksey*.

[186] *Baker*, a. a. O., S. 96.

[187] (1865) 10 Cox C. C. 82.

[188] A. a. O., S. 94 ff.

[189] (1835) 7 C. & P. 283; 173 E. R. 108.

[190] 17 Cox C. C. 503.

arrive precisely at what the person making the declaration meant. When a statement is not the 'ipsissima verba' of the person making it, but is composed of a mixture of questions and answers, there are several objections open to its reception in evidence ..."[191]

Im Schrifttum schließlich vertreten *Baker*[192] und *Phipson*[193] *die* Ansicht, daß dieser letzteren Entscheidung der Vorzug zu geben sei.[194]

### *d) Die Formen der Dying Declarations*

Eine dying declaration kann sowohl in mündlicher als auch in schriftlicher Form abgegeben werden.[195] Darüber hinaus kann sie sogar nur in Zeichen oder Gesten bestehen, doch darf in solchen Fällen nicht unter Beweis gestellt werden, welche Auslegung die Zeugen diesen Zeichen oder Gesten gegeben haben.[196]

## 3. DECLARATIONS AGAINST INTEREST; DECLARATIONS IN THE COURSE OF DUTY; DECLARATIONS AS TO PUBLIC OR GENERAL RIGHTS

### *a) Allgemeines*

Weitere Ausnahmen von der Hearsay Rule kennt das englische Recht im Hinblick auf die sogenannten „declarations against interest", „declarations in the course of duty" sowie „declarations as to public or general rights". Wie bei den eben erörterten dying declarations handelt es sich auch hier jeweils um Erklärungen von Personen, die nach Abgabe der betreffenden declaration gestorben sind, also zur Zeit des Verfahrens nicht mehr leben und damit auch nicht mehr selbst als Zeuge vor Gericht erscheinen und aussagen können. Während aber dying declarations ausschließlich in Strafverfahren, sogar nur in ganz bestimmten Strafverfahren[197], ausnahmsweise als Beweis zulässig sind, gelten diese drei Ausnahmen sowohl auf strafverfahrensrechtlichem als auch auf zivilprozeßrechtlichem Gebiet. In der Praxis finden sie allerdings in Strafverfahren kaum Anwendung; eine Bedeutung kam ihnen und kommt ihnen insbesondere heute fast nur noch in zivilen

---

[191] A. a. O., S. 507, per *Cave, J.;* ausdrücklich bestätigt in R. v. Smith, (1901) 17 T. L. R. 522.

[192] A. a. O., S. 96, insbes. dort Anm. 4.

[193] A. a. O., RdNr. 1057.

[194] Dazu *Halsbury*'s Laws, Vol. 10 Nr. 1389, Anm. (m).

[195] *Baker,* a. a. O., S. 97.

[196] So der Privy Council in Chandarasekera v. R., (1936) 30 Cox C. C. 546.

[197] Vgl. oben, S. 77, insbes. S. 78 f.

Rechtsstreitigkeiten zu. Da es sich jedoch um anerkannte Ausnahmen von der Hearsay Rule handelt, sollen sie der Vollständigkeit halber wenigstens in ihren Grundzügen aufgezeigt werden.

### *b) Declarations Against Interest*

Diese Ausnahme von der Hearsay Rule besagt, daß die Erklärung einer inzwischen verstorbenen Person dann als Beweis zulässig ist, wenn der Erklärende sie wissentlich gegen sein pekuniäres (pecuniary) Interesse oder gegen sein Interesse als Eigentümer (proprietary) abgegeben hat und wenn ihm die erklärten Fakten persönlich bekannt waren.[198] Dabei wird die Anerkennung der Ausnahme als fester Bestandteil des Beweisrechts damit gerechtfertigt, daß „declarations made by persons against their own interests are extremely unlikely to be false."[199] Mag auch dieses Argument in neuerer Zeit den englischen Richtern selbst wenig überzeugend erscheinen[200], seinerzeit ist diese Hypothese jedenfalls als ausreichendes Äquivalent für das Fehlen des Zeugeneides und die mangelnde Möglichkeit zum Kreuzverhör angesehen worden.[201]

#### aa) Voraussetzungen für die Zulässigkeit

Es bestehen heute keinerlei Zweifel, daß eine declaration against interest nur dann zulässig ist, wenn der Erklärende zur Zeit des Verfahrens, in dem seine Erklärung als Beweis angeboten wird, nicht mehr lebt; keineswegs genügt es etwa, daß er aus irgendeinem anderen Grunde für das Gericht, sei es vorübergehend, sei es für immer, unerreichbar ist.[202]

Von der Rechtslehre zugegeben, aber nicht durchweg gebilligt[203], ist fernerhin unabdingbare Voraussetzung für die Zulässigkeit, daß der Hauptinhalt (subject-matter) der declaration zur Zeit der Abgabe

---

[198] *Baker*, Hearsay Rule, S. 64; *Cross*, Evid., S. 397.

[199] So z. B. *Moulton, L. J.*, in Tucker v. Oldbury Urban District Council, [1912] 2 K. B. 317 (321).

[200] *Hamilton, L. J.*, in Ward v. Pitt & Co., [1913] 2 K. B. 130 (138): "As a reason this seems sordid and unconvincing. Men lie for so many reasons and some for no reason at all; and some tell the truth without thinking or even in spite of thinking about their pockets, but it is too late to question this piece of eighteenth century philosophy."

[201] *Baker*, a. a. O., S. 67; ders., S. 64 ff., zur Entwicklung der Ausnahme.

[202] *Baker*, a. a. O., S. 70: "Death is the only unavailability (apart from statutory exceptions) recognised by English law." — *Cross*, a. a. O., S. 400 f., weist darauf hin, daß Anfang des 19. Jahrhunderts die Rechtsprechung noch einen anderen Standpunkt vertreten zu haben scheint.

[203] Dazu im einzelnen *Baker*, a. a. O., S. 68 ff.

derselben nicht nur irgendwelchen Interessen des Erklärenden entgegenstand, sondern daß er nicht in dessen „pecuniary" oder „proprietary" Interesse lag.[204] Dabei sieht die englische Rechtsprechung das „proprietary" Interesse, zu welchem „interests in land" wie „interests in chattels" rechnen[205], nur als eine besondere Art des pecuniary Interesses an.[206] Als dem letzteren entgegenstehend gilt eine Erklärung z. B. in den Fällen, „where the person entered a receipt of money for which he would be accountable, or the payment of a debt due to himself."[207] Nicht erfüllt ist das Erfordernis „against pecuniary or proprietary interest", wenn sich der Erklärende beispielsweise zu einer Zahlungsverpflichtung nur unter der Bedingung bekannt hat, daß ihm dafür eine Gegenleistung erbracht wird; daher fallen grundsätzlich die im Rahmen von entsprechenden Vertragsabschlüssen abgegebenen Erklärungen einer Vertragspartei nicht unter diese Ausnahme.[208] Desgleichen ist diese Voraussetzung nicht erfüllt, wenn aus den Gegebenheiten des Einzelfalles folgt, daß bei der Abgabe der declaration nur die Möglichkeit bestand, daß später einmal durch die Erklärung eine den genannten Interessen zuwiderlaufende Verpflichtung des Erklärenden begründet werden könnte, etwa, wenn bestimmte Umstände eintreten.[209] Dagegen ist es für die Frage der Zulässigkeit unerheblich, ob es sich um eine gesetzliche oder um eine moralische Verpflichtung des Erklärenden handelte.[210]

Von besonderer Bedeutung ist in diesem Zusammenhang die Entscheidung des House of Lords in dem Sussex Peerage Case[211]. Dort war das oberste englische Gericht u. a. mit dem Problem befaßt, ob eine declaration auch dann als Beweis zulässig sein kann, wenn sie zwar nicht against pecuniary or proprietary interests abgegeben wurde, wohl aber den Interessen des Erklärenden insofern entgegenstand, als sie zu einer Strafverfolgung desselben hätte führen können oder gar geführt hat, wenn sie also „against penal interests" war. Das House of Lords hat diese Frage ausdrücklich verneint, wobei Lord *Brougham* in seinem judgment ausgeführt hat:

---

[204] Statt zahlreicher Entscheidungen: Ward v. Pitt & Co., [1913] 2 K. B. 130.

[205] *Baker,* a. a. O., S. 67.

[206] Ward v. Pitt & Co., a. a. O., S. 138: „... which is only a species of the same genus"; Tucker v. Oldbury U. D. C., [1912] 2 K. B. 317 (321).

[207] R. v. The Inhabitants of Worth, (1843) 4 Q. B. 132 (140); 114 E. R. 847 (850).

[208] R. v. The Inhabitants of Worth, a. a. O.

[209] Smith v. Blakey, (1867) L. R. 2 Q. B. 326 (332): „... the possibility that this statement might make him liable in the case of ... is an interest of too remote a nature to make the statement admissible in evidence." So auch Ward v. Pitt & Co., a. a. O., S. 137.

[210] Coward v. Motor Insurers Bureau, [1962] 1 All E. R. 531 (535).

[211] (1844) XI Cl. & F. 85; 8 E. R. 1034.

"To say, if a man should confess a felony for which he would be liable to prosecution, that therefore ... all that was said by him is to be taken as evidence in every action and prosecution against another person, is one of the most monstrous and untenable propositions that can be advanced."[212]

Ebenso, wie nach dieser Entscheidung eine declaration „against penal interests" nicht die Voraussetzungen für die Zulässigkeit als Ausnahme von der Hearsay Rule erfüllt, trifft das bei Erklärungen zu, die der Erklärende gegen seine „social interests" abgegeben hat.[213]
Schließlich setzt die Zulässigkeit noch zwei weitere Dinge voraus: Der Erklärende muß die betreffende declaration in Kenntnis der Tatsache abgegeben haben, daß sie — im Hinblick auf die genannten Interessen — im wesentlichen für ihn nachteilig ist,[214] und es müssen ihm die erklärten Fakten persönlich bekannt gewesen sein. Während bezüglich des ersteren Erfordernisses — soweit ersichtlich — keine abweichende Meinung im Schrifttum vertreten wird[215], besteht hinsichtlich des letzteren diese Einhelligkeit nicht.[216] Die Rechtsprechung läßt jedoch am tatsächlichen Bestehen dieser Voraussetzung zumindest in heutiger Zeit keinerlei Zweifel zu. Bereits in der Entscheidung des House of Lords im Sussex Peerage Case[217] erklärte Lord *Brougham:*

"The rule, as understood now, is that the only declarations of deceased persons receivable in evidence, are those made against the proprietary or pecuniary interests of the party making them, when the subject-matter

---

[212] A. a. O., S. 111 (1045); ebenso der Lord Chancellor, a. a. O., S. 110 (1044), und Lord *Campbell,* a. a. O., S. 113 (1045). — *Baker,* Hearsay Rule, S. 70, ist allerdings der Ansicht, daß die Entscheidung im Sussex Peerage Case keine solch absolute authority für die Unzulässigkeit von declarations against penal interests sei, als daß in einem konkreten Fall nicht doch einmal eine derartige Erklärung als Beweis zulässig sein könnte.

[213] In der Entscheidung Ward v. Pitt & Co., [1913] 2 K. B. 130 (138), hat *Hamilton, L. J.,* in seinem judgment ausgeführt, daß eine Erklärung „would not be against interest if only generally criminatory" wie auch eine solche, „which might in some way or other injuriously affect the interest of the party, or which might be prejudicial to reputation or social consideration."

[214] Vgl. z. B. Tucker v. Oldbury U. D. C., [1912] 2 K. B. 317 (321): „... to support the admissibility it must be shewn that the statement was to the knowledge of the deceased contrary to his interest."

[215] *Cross,* a. a. O., S. 403 f., bezweifelt allerdings, daß bei den älteren Entscheidungen das Vorliegen dieser Voraussetzung immer geprüft worden sei.

[216] Bejahend: z. B. *Baker,* a. a. O., S. 75; *Cross,* a. a. O., S. 405; ablehnend: *Halsbury's* Laws of England, Vol. 15, Nr. 553; *Phipson,* a. a. O., RdNr. 908 f. — Bei *Archbold* wie auch in *Kenny's* Outlines und *Harris's* Crim. Law wird diese Frage erst gar nicht erwähnt.

[217] (1844) XI Cl. & F. 85; 8 E. R. 1034.

of such declarations is within the peculiar knowledge of the party so making them."[218]

Diesen Standpunkt hat das oberste englische Gericht dann später auch in dem Fall Sturla v. Freccia[219] vertreten: dort heißt es in dem judgment von Lord *Selborne, L. C.*, ausdrücklich, daß die Zulässigkeit einer declaration against interest unter anderem auch voraussetze, und zwar

"as a necessary element, that the subject-matter of the declaration... must have been within the direct personal knowledge of the person making the declaration".[220]

Diese Ansicht hat auch der Court of Criminal Appeal jeweils seinen Entscheidungen zugrunde gelegt.[221]

Im übrigen stellt es keine Voraussetzung für die Zulässigkeit dar, daß dem Erklärenden jedes Motiv gefehlt haben muß, in seiner declaration die Tatsachen ungenau oder gar entstellt oder falsch anzugeben (to misrepresent)[222], wie es insofern gleichfalls unerheblich ist, ob die Erklärungen „have been made contemporaneously with the facts" oder nicht[223]. Diese Umstände sind allein für die Frage des Beweiswertes von Bedeutung, sie berühren aber in keiner Weise die Zulässigkeit der declaration against interest als Beweis.[224]

bb) Die Zulässigkeit der Collateral Facts

Liegen die vorstehend aufgezeigten Voraussetzungen für die Zulässigkeit einer declaration against interest vor, so stellt sich — wie bei den admissions und confessions[225] — auch hier die Frage nach dem Umfang der Zulässigkeit, d. h. ob die Erklärung nur insoweit als Beweis zulässig ist, als sie tatsächlich dem pecuniary oder proprietary Interesse des Erklärenden entgegenstand, oder ob sie es insgesamt ist, also gegebenenfalls auch derjenige Teil, der hinsichtlich der genannten Interessen günstig war. Das letztere entspricht dem geltenden Recht. Unter Berufung auf die als leading decision geltende Entscheidung

---

[218] A. a. O., S. 111 (1045).

[219] (1880) 5 A. C. 623.

[220] A. a. O., S. 632 f.; so auch schon das House of Lords in dem Fall Trimlestown v. Kemmis, (1842/43) IX Cl. & F. 749 (780); 8 E. R. 601 (613).

[221] Z. B. Ward v. Pitt & Co., a. a. O., S. 137 f.; Jenion, Re, Jenion v. Wynne, [1952] Ch. 465; Einzelheiten bei *Baker*, a. a. O., S. 73 ff.

[222] Taylor v. Witham, (1876) 3 Ch. D. 605 (607); Republica de Guatemala v. Nunez, (1926) 42 T. L. R. 625 (628).

[223] Doe v. Turford, (1832) 3 B. & Ad. 890 (897 f.); 110 E. R. 327 (330); Smith v. Blakey, (1867) L. R. 2 Q. B. 326.

[224] So die vorstehend genannten Entscheidungen.

[225] Siehe oben, S. 67 f.

Higham v. Ridgway[226] hat Chief Justice *Cockburn* in R. v. Birmingham Overseers[227] dazu ausgeführt,

"that the declaration of the deceased person may be received not only to prove so much contained in it as is adverse to his pecuniary interest, but to prove collateral facts stated in it; at all events, so far as relates to facts which are not foreign to the declaration, and may be taken to have formed a substantial part of it."[228]

Welche in einer solchen Erklärung angegebenen Fakten neben den eigentlich belastenden Tatsachen sogenannte „collateral facts" sind und einen „substantial part" der Erklärung bilden, kann jeweils nur auf Grund der Umstände des Einzelfalles entschieden werden.[229] Einen Anhaltspunkt für die Auslegung bieten die Ausführungen von *Cresswell, J.*, in der Entscheidung Doe v. Beviss[230]:

"The statements on the one side and on the other may be so blended together that the one cannot be read without the other: but it does not follow, that, in all cases, the entire account must be read. If the discharging part of the account be necessarily resorted to for the purpose of explaining the charging part, it may be evidence."

cc) Die Formen der Declarations

Eine declaration against interest kann sowohl in mündlicher als auch in schriftlicher Form abgegeben werden. In R. v. Birmingham Overseers[231] hat Chief Justice *Cockburn* zu diesem Punkt erklärt, daß zwar hinsichtlich des Beweiswertes ein Unterschied zwischen mündlichen und schriftlichen Erklärungen dieser Art bestünde, daß jedoch im Hinblick auf die Zulässigkeit selbst

"there is no distinction in principle between written and oral declarations if the other element of admissibility is present".

### *c) Declarations in the Course of Duty*

Ausnahmsweise sind nach common law ferner solche Erklärungen als Beweis zulässig, die eine inzwischen verstorbene Person „in the

---

[226] (1808) 10 East 109 (117 f.); 103 E. R. 717 (720).

[227] R. v. The Churchwardens, Overseers and Guardians of the Poor of the Parish of Birmingham, (1861) 1 B. & S. 763; 121 E. R. 897 — zit.: R. v. Birmingham Overseers.

[228] A. a. O., S. 768 bzw. 899; ebenso Smith v. Blakey, (1867) L. R. 2 Q. B. 326 (332); R. v. The Governors and Guardians of Exeter, (1869) L. R. 4 Q. B. 341 — zitiert als R. v. Exeter.

[229] So auch *Baker*, a. a. O., S. 76, und *Cross*, a. a. O., S. 405.

[230] (1849) 7 C. B. 456 (512 f.); 137 E. R. 181 (204).

[231] (1861) 1 B. & S. 763 (769); 121 E. R. 897 (900); siehe oben, Anm. 227.

ordinary course of business, as a result of a duty to do an act and to record it", abgegeben hat, sofern die Abgabe „contemporaneously with the facts stated" erfolgt ist und der Erklärende keinen Grund und kein Interesse gehabt hat, die betreffenden Tatsachen entstellt oder gar falsch darzustellen.[232]

Die entsprechende Grundsatzentscheidung ist bereits im Jahre 1703 in dem Fall Price v. Earl of Torrington[233] ergangen, also bevor es die Hearsay Rule in ihrer heutigen Form gab; ihre derzeitige Ausgestaltung hat diese Ausnahme jedoch erst im Laufe des darauffolgenden Jahrhunderts erfahren.[234] Begründet wird die Zulässigkeit derartiger Erklärungen allgemein mit der durch den Tod des Erklärenden bedingten Schwierigkeit oder gar Unmöglichkeit, einen gleichwertigen Ersatz für den Beweis zu finden[235], sowie damit, daß unter den gegebenen Umständen die Richtigkeit der Erklärung vermutet werden könne[236]. Dabei stützt sich das letztere Argument auf verschiedene Überlegungen: Einmal lassen Gewohnheit und Routine, mit der Erklärungen dieser Art abgegeben werden, es wahrscheinlich erscheinen, daß die declarations der Wahrheit entsprechen, und zum anderen bietet eine gewisse Garantie für die Richtigkeit derselben der Umstand, daß der Erklärende jederzeit durch seinen Dienstherrn kontrolliert werden kann, so daß eine unzutreffende declaration in the course of duty sehr schnell erkannt werden würde, was die Entlassung oder andere Nachteile für den Erklärenden zur Folge haben könnte.[237]

aa) Voraussetzungen für die Zulässigkeit

Bis zum Inkrafttreten des Criminal Evidence Act 1965[238] bestimmten sich die Voraussetzungen für die Zulässigkeit der declarations in the course of duty allein nach dem von der Rechtsprechung entwickelten oder anerkannten law of England. Durch den Erlaß des genannten Gesetzes hat sich die rechtliche Situation jedoch für einen Teilbereich erheblich gewandelt: Der englische Gesetzgeber hat — in Anlehnung an den ausschließlich für Zivilverfahren geltenden Evi-

---

[232] *Baker*, a. a. O., S. 78; *Phipson*, a. a. O., RdNr. 941.

[233] 1 Salk. 285; 91 E. R. 252.

[234] Vgl. dazu im einzelnen *Baker*, a. a. O., S. 78 ff., sowie *Phipson*, a. a. O., RdNr. 943.

[235] Lefebure v. Worden, (1750) 2 Ves. Sen. 54 (55); 28 E. R. 36 (37).

[236] *Cross*, a. a. O., S. 407.

[237] So z. B. Chief Justice *Tindal* in Poole v. Dicas, (1835) 1 Bing. (N. C.) 649 (652 f.); 131 E. R. 1267 (1269); vgl. auch Lord *Morris* of *Borth-y-Gest* in der Entscheidung des House of Lords Myers v. D. P. P., (1964) 48 Cr. App. R. 348 (369).

[238] 1965 c. 20 — vom 2. Juni 1965; abgedr. in *Halsbury*'s Statutes of England, Vol. 45, S. 352 f.

dence Act, 1938[239] — für gewisse Fälle die nach common law bestehenden Zulässigkeitsvoraussetzungen abgeändert, damit bestimmte Erklärungen, die die bis dahin allein geltenden Voraussetzungen möglicherweise nicht erfüllten, dennoch in Strafverfahren als Beweis verwendet werden können.[240] Mithin sind bei der Prüfung der Zulässigkeitsvoraussetzungen insgesamt zwei voneinander unabhängige Rechtsquellen zu beachten. Soweit sich die Zulässigkeit ganz bestimmter declarations in the course of duty nunmehr nach der gesetzlichen Regelung entscheidet, bleibt die Erörterung ihrer Voraussetzungen jedoch einem späteren Abschnitt dieser Arbeit vorbehalten. Hier sollen zunächst nur die nach common law bestehenden Voraussetzungen für die Zulässigkeit von declarations in the course of duty kurz dargelegt werden, denn sie gelten im übrigen nach wie vor; der Criminal Evidence Act 1965 bestimmt nämlich in s. 2 (2) ausdrücklich:

> "Nothing in this Act shall prejudice the admissibility of any evidence which would be admissible apart from the provisions of this Act."

Wie bei den declarations against interest[241] setzt das common law auch hier für die Zulässigkeit voraus, daß der Erklärende zu dem Zeitpunkt, wo seine declaration als Beweis angeboten wird, nicht mehr lebt. Dies ist erst jüngstens wieder vom House of Lords in der vielbeachteten Entscheidung Myers v. D. P. P.[242] bestätigt worden:

> "The existing exception to the hearsay rule which admits evidence of declarations in the course of duty is, however, subject to the firmly established condition that the death of the declarant must be shown."[243]

Weiterhin muß der Erklärende verpflichtet gewesen sein, und zwar einem Dritten gegenüber, die Handlung, die Gegenstand der betreffenden declaration ist, vorzunehmen und darüber einen Bericht abzugeben (the duty to do an act and to record it); diesem Erfordernis ist nicht genügt, wenn er nur aus Gewohnheit gehandelt hat[244] oder wenn er sich die bewußte „Pflicht" nur selbst auferlegt hatte[245].

---

[239] 1 & 2 Geo. 6 c. 28 — vom 26. Mai 1938; *Halsbury*'s Statutes, Vol. 9, S. 626 ff.

[240] Die genaue Bezeichnung des Criminal Evidence Act 1965 lautet denn auch dementsprechend: "An Act to make certain trade or business records admissible as evidence in criminal proceedings".

[241] Vgl. oben, S. 85 ff.

[242] (1964) 48 Cr. App. R. 348; auf diese Entscheidung wird wegen ihrer Bedeutung später noch näher eingegangen.

[243] A. a. O., S. 369 (per Lord *Morris* of *Borth-y-Gest*). Der später erlassene Criminal Evidence Act 1965 hat allerdings für bestimmte Erklärungen gerade in diesem Punkt eine Änderung gebracht; Näheres dazu unten bei den Ausführungen über dieses Gesetz.

[244] *Kenny*'s Outlines, § 581; *Phipson*, a. a. O., RdNr. 944.

[245] *Baker*, a. a. O., S. 81.

Darüber hinaus darf es sich dabei für den Erklärenden auch nicht nur um eine ganz allgemeine Pflicht (general duty) gehandelt haben[246], d. h. die Ausführung der betreffenden Handlung sowie der Bericht darüber dürfen beispielsweise nicht nur in Erfüllung einer generellen Verpflichtung des Erklärenden gegenüber seinem Dienstherrn erfolgt sein.[247] Der Erklärende muß vielmehr die spezielle Pflicht[248] gehabt haben, gerade diese Handlung vorzunehmen bzw. auszuführen und darüber eine Erklärung abzugeben:

"... the duty must be to do the very thing to which the entry relates, and then to make a report or record of it."[249]

Ferner setzt die Zulässigkeit einer declaration in the course of duty als Beweis voraus, daß der Erklärende von der Handlung, über die er die Erklärung abgegeben hat, nicht nur persönlich Kenntnis gehabt, sondern daß er sie auch eigenhändig ausgeführt hatte.[250] In der Entscheidung „The Henry Coxon" heißt es insoweit ausdrücklich, daß

"entries in a document made by a deceased person can only be admitted as evidence, ..., where it is clearly shewn that the entries relate to an act or acts done by the deceased person and not by third parties."[251]

Hinzu kommt, daß im Zeitpunkt der Abgabe der declaration die betreffende Handlung von dem Erklärenden entweder gerade ausgeführt werden oder aber bereits ausgeführt sein muß; eine Erklärung, die sich auf eine Handlung bezieht, die der Erklärende erst noch vorzunehmen hat, ist als Beweis unzulässig.[252] Allerdings darf, wenn die Handlung der Erklärung zeitlich vorausgegangen ist, zwischen der Ausführung der Handlung und der Abgabe der Erklärung kein großer Zeitraum liegen. Andernfalls ist die weitere Zulässigkeitsvoraussetzung, nämlich daß die declaration „gleichzeitig" (contemporaneously) mit der Vornahme der Handlung abgegeben worden sein muß, nicht erfüllt. In diesem Zusammenhang ist jedoch das Merkmal der „Gleichzeitigkeit" — wie schon aus dem vorstehend Gesagten folgt — nicht im strengen Sinne des Wortes zu verstehen[253]: Zwar hat

---

[246] *Cross*, a. a. O., S. 407 f.

[247] Vgl. z. B. Smith v. Blakey, (1867) L. R. 2 Q. B. 326.

[248] Diese Pflicht kann auf den verschiedensten Gründen beruhen; siehe dazu *Halsbury*'s Laws of England, Vol. 15, Nr. 557.

[249] Smith v. Blakey, a. a. O., S. 333 (per *Blackburn, J.*); sehr anschaulich: Mellor v. Walmsley, [1905] 2 Ch. 164; Mercer v. Denne, [1905] 2 Ch. 538; Simon v. Simon and Others, [1936] P. 17.

[250] Brain v. Preece, (1843) 11 M. & W. 773; 152 E. R. 1016.

[251] (1878) 3 P. D. 156, 158 (per *Phillimore*); so auch das House of Lords in Turla v. Freccia, (1880) 5 A. C. 623.

[252] *Baker*, a. a. O., S. 83 f.; *Cross*, a. a. O., S. 408 f.; anders noch R. v. Buckley, (1873) 13 Cox C. C. 293, die nach Ansicht von *Baker* als „bad law" anzusehen ist.

[253] *Phipson*, a. a. O., RdNr. 945.

die Rechtsprechung z. B. eine Zeitspanne von zwei Tagen für zu lang befunden[254], doch hat sie gegen eine solche von einem Tag nichts einzuwenden gehabt[255]. Läßt sich somit auch nicht mit Bestimmtheit sagen, wie groß gegebenenfalls der Zeitraum zwischen der Ausführung der Handlung und der Abgabe der Erklärung zulässigerweise sein darf, bietet doch einen gewissen Anhaltspunkt für die Auslegung des Merkmals der Gleichzeitigkeit das judgment von *V. Williams, L. J.*, in der Entscheidung Mercer v. Denne[256]; dort hat der Richter zu diesem Punkt ausgeführt,

> "that the entry must be proved to be the last step in a continous chain of duty".

Schließlich setzt die Zulässigkeit einer declaration in the course of duty auch noch voraus, daß der Erklärende zur Zeit der Abgabe seiner declaration keinerlei Motiv oder Interesse gehabt hat, die Tatsachen darin ungenau oder gar entstellt oder falsch anzugeben.[257] Im Gegensatz zu der Regelung bei den declarations against interest[258] berührt hier also ein solches „motive or interest to misrepresent" nicht nur den Beweiswert der Erklärung, sondern ihre Zulässigkeit als Beweis überhaupt.

bb) Die Unzulässigkeit der Collateral Facts

Die declaration in the course of duty dient, sofern die genannten Voraussetzungen erfüllt sind, ausschließlich für diejenige in ihr angegebene Tatsache als Beweis, hinsichtlich der eine declaration abzugeben der Erklärende speziell verpflichtet[259] war.[260] Anders als bei den declarations against interest ist mithin eine declaration in the course of duty niemals als Beweis für die in ihr enthaltenen collateral facts zulässig. Dies ist bereits durch die im Jahre 1834 ergangene Entscheidung Chambers v. Bernasconi[261] klargestellt worden:

> "... whatever effect may be due to an entry made in the course of any office reporting facts necessary to the performance of a duty, the statement of other circumstances, however naturally they may be thought to find a place in the narrative, is no proof of those cirumstances."[262]

---

[254] The Henry Coxon, a. a. O.

[255] Price v. Earl of Torrington, (1703) 1 Salk. 285; 91 E. R. 252.

[256] [1905] 2 Ch. 538 (558).

[257] The Henry Coxon, a. a. O.; Polini v. Gray, (1879) 12 Ch. D. 411 (430).

[258] Vgl. oben, S. 89.

[259] Vgl. oben, S. 92 f.

[260] *Kenny*'s Outlines, § 581; *Halsbury*'s Laws of England, Vol. 15, Nr. 557 (S. 307); *Phipson*, a. a. O., RdNr. 946.

[261] 1 C. M. & R., 347; 149 E. R. 1114.

[262] A. a. O., S. 368 bzw. 1120 (per Lord *Denman, C. J.*).

cc) Die Formen der Declarations

Eine declaration in the course of duty kann sowohl in schriftlicher als auch in mündlicher Form abgegeben werden.[263] Der Umstand, daß die Erklärung mündlich abgegeben worden ist, berührt somit zwar nicht die Frage ihrer Zulässigkeit, er kann jedoch für den Beweiswert von erheblicher Bedeutung sein. Hat der Erklärende erst eine schriftliche Erklärung abgegeben, die als Beweis zulässig ist, so kann diese declaration durch eine nachfolgende mündliche aber weder entkräftet noch auch nur näher erläutert werden.[264]

### *d) Declarations as to Public or General Rights*

Die mündliche oder schriftliche Erklärung eines inzwischen Verstorbenen, die das Bestehen oder Nichtbestehen[265] eines „public right" oder eines „general right" zum Gegenstand hat, ist als Beweis für das tatsächliche Bestehen bzw. Nichtbestehen eines solchen Rechts zulässig, wenn sie vor der Entstehung der eigentlichen Kontroverse in der Angelegenheit, in der sie als Beweis angeboten wird, abgegeben worden ist (made „ante litem motam") und wenn der Erklärende — sofern es sich um ein general right handelt — nachweislich die nötige Kenntnis (competent knowledge) bezüglich des betreffenden Rechts gehabt hat.[266] Eine Zusammenstellung der zahlreichen Argumente, die zur Rechtfertigung der Ausnahme vorgebracht worden sind und noch heute vorgebracht werden, findet sich bereits in dem judgment von Lord Chief Justice *Campbell* in der Entscheidung R. v. The Inhabitants of Bedfordshire[267]. Sie (die Argumente) hier im einzelnen wiederzugeben würde zu weit führen; insgesamt gesehen laufen sie jedoch darauf hinaus, daß die

> "public nature of the right excludes the probability of individual bias and makes the sanction of an oath less necessary."[268]

Kommt den beiden voranstehend kurz umrissenen Ausnahmen von der Hearsay Rule — den declarations against interest sowie den declarations in the course of duty — für den heutigen englischen Strafprozeß schon kaum noch eine nennenswerte Bedeutung zu, so kann von der Ausnahme bezüglich der declarations as to public or

---

[263] Stapylton v. Clough, (1853) 2 E. & B. 933 (938); 118 E. R. 1016 (1017); *Halsbury*'s Laws of England, Vol. 15, Nr. 559, mit Hinweisen auf weitere Entscheidungen.

[264] Stapylton v. Clough, a. a. O., S. 938 f. bzw. 1017 f.

[265] Drinkwater v. Porter, (1835) 7 C. & P. 181; 173 E. R. 80.

[266] Vgl. z. B. *Cross*, a. a. O., S. 410.

[267] (1855) 4 E. & B. 535; 119 E. R. 196.

[268] *Baker*, a. a. O., S. 110.

general rights ohne weiteres gesagt werden, daß sie im Hinblick auf ein Strafverfahren praktisch völlig bedeutungslos geworden ist.[269] Daher mögen hier ein paar allgemeiner gehaltene Hinweise genügen.

Unter „public rights" sind in diesem Zusammenhang solche Rechte zu verstehen, die die Interessen[270] aller englischen Staatsangehörigen berühren[271], wie beispielsweise das Recht, Gebühren für die Benutzung eines öffentlichen highway zu fordern[272], das Recht, einen Fährbetrieb zu unterhalten[273], oder das Recht, in den den Gezeiten unterworfenen Flüssen zu fischen[274]. Als „general rights" werden demgegenüber solche Rechte bezeichnet, die zwar nicht die Interessen der gesamten englischen Bevölkerung, aber doch immerhin die Interessen eines gewissen Kreises derselben, etwa die der Mitglieder einer bestimmten Gemeinde, berühren.[275] Dazu zählen z. B. das Recht der Gemeindemitglieder, in ihrem Pfarrbezirk den Kirchenvorstand zu wählen[276], das Gewohnheitsrecht (custom), in einem bestimmten Distrikt zu schürfen[277], wie auch die Fragen bezüglich des Grenzverlaufs zwischen zwei Gemeinden[278].

Das Gegenstück zu den „public and general rights" bilden die „private rights"; das sind solche Rechte, die nur die Interessen einzelner — wenn auch mehrerer — berühren. Wie streng die Maßstäbe sind, die die Rechtsprechung im Hinblick auf die Anerkennung eines Rechtes als ein public oder general right aufgestellt hat, zeigt sehr anschaulich die bereits im Jahre 1835 ergangene Entscheidung R. v. Antrobus[279]: Dort ging es u. a. um die Frage, ob in einem bestimmten county ein Gewohnheitsrecht galt, wonach der county sheriff von der Pflicht entbunden und dafür der sheriff of the city verpflichtet war, einen zum Tode verurteilten Verbrecher hinzurichten. Als Beweis

---

[269] Der Grund hierfür dürfte der sein, daß wohl für ihren Hauptanwendungsbereich auf strafverfahrensrechtlichem Gebiet — nämlich Beweisfragen im Zusammenhang mit der Verantwortlichkeit für die Instandsetzung und Instandhaltung von öffentlichen Wegen, Straßen und auch Brücken — heute weitgehend gesetzliche Regelungen bestehen; vgl. z. B. The National Parks and Access to the Countryside Act, 1949, ss. 30, 32, 33 (*Halsbury*'s Statutes of England, Vol. 28, S. 566 ff.) sowie The Highways Act, 1959, ss. 34, 35 (*Halsbury*'s Statutes, Vol. 39, S. 402 ff.). — Selbst in Zivilverfahren spielt diese Ausnahme kaum noch eine Rolle — *Cross*, a. a. O., S. 415.

[270] Gemeint sind die Interessen, die in einer Beziehung zu den legalen Rechten und Verpflichtungen stehen, *Baker*, a. a. O., S. 111.

[271] Statt vieler vgl. z. B. *Halsbury*'s Laws of England, Vol. 15, Nr. 561.

[272] Brett v. Beales, (1829) M. & M. 416; 173 E. R. 1208.

[273] Pim v. Curell, (1840) 6 M. & W. 234; 151 E. R. 395.

[274] Neill v. The Duke of Devonshire, (1882) 8 A. C. 135.

[275] *Halsbury*'s Laws of England, a. a. O.

[276] Berry v. Banner, (1792) Peake 212; 170 E. R. 133.

[277] Crease v. Barrett, (1835) 1 C. M. & R. 919; 149 E. R. 1353.

[278] Nicholls v. Parker, (1805) 14 East 331; 104 E. R. 629.

[279] 6 C. & P. 784; 172 E. R. 1462.

sollte die Aussage eines Zeugen darüber dienen, was er von alten Leuten bezüglich dieses angeblichen Gewohnheitsrechts gehört hatte. Das Gericht wies diesen evidence of reputation jedoch zurück, und zwar mit der Begründung, daß es sich hier nur um ein private right handele, denn es interessiere nur einzelne, nicht aber die Öffentlichkeit, welcher der beiden Sheriffs die Strafe vollstrecken müsse.

Die Zulässigkeit einer declaration as to public or general rights wird allerdings dann bejaht, wenn es in dem Verfahren darum geht, ob das fragliche Recht ein public oder ein private right ist[280], wie auch dann, wenn feststeht, daß das private right gleichzeitig ein public right ist[281]. Gegenstand der Erklärung muß jedoch in jedem Falle die Existenz oder Nichtexistenz eines public oder general right als solche sein, d. h. die Erklärung darf sich nicht nur auf einzelne Fakten beziehen, aus denen auf das Bestehen oder Nichtbestehen eines public oder eines general right geschlossen werden kann.[282]

Im Zusammenhang mit der Zulässigkeit derartiger declarations als Beweis ist im Hinblick auf das Erfordernis der „competent knowledge" noch folgende Besonderheit zu erwähnen: In den Fällen, in denen es um das Bestehen oder Nichtbestehen eines *public* right geht, wird von Rechts wegen vermutet, daß grundsätzlich jeder Staatsbürger — also auch der Erklärende — die nötige Kenntnis von dem betreffenden Recht gehabt hat, so daß ein diesbezüglicher besonderer Nachweis nicht erbracht zu werden braucht[283]; fehlte sie im konkreten Fall, so scheint dies allein für die Frage des Beweiswertes, nicht dagegen für die Zulässigkeit der Erklärung von Bedeutung zu sein[284]. Etwas anderes gilt, wenn es sich um ein *general* right handelt. Hier wird nicht von vornherein die nötige Kenntnis bei dem Erklärenden vermutet, vielmehr muß sie gesondert unter Beweis gestellt werden, es sei denn, ihr Vorhandensein ergäbe sich schon aus den Umständen des Einzelfalles; war sie nicht vorhanden, ist die gesamte declaration als Beweis unzulässig.[285]

## 4. STATEMENTS IN PUBLIC DOCUMENTS

### *a) Allgemeines*

Eine weitere Ausnahme von der Hearsay Rule besteht im Hinblick auf „statements in public documents". Sie besagt, daß die von einem

---

[280] R. v. Bliss, (1837) 7 A. & E. 550; 112 E. R. 577.

[281] Thomas v. Jenkins, (1837) 6 A. & E. 525; 112 E. R. 201.

[282] R. v. Bliss, a. a. O.; Attorney-General v. Horner (No. 2), [1913] 2 Ch. 140, 154.

[283] Crease v. Barrett, (1835) 1 C.M. & R. 919; (928 f.); 149 E.R. 1353 (1357).

[284] So *Cross,* a. a. O., S. 414; *Halsbury's* Laws of England, Vol. 15, Nr. 561.

[285] Crease v. Barrett, a. a. O.

public officer in Ausübung einer public duty vorgenommenen Eintragungen in public documents im allgemeinen als Beweis für die Richtigkeit ihres Inhalts zulässig sind.[286] Begründet wurde diese Ausnahme im wesentlichen mit der Überlegung, daß in

> "public documents, made for the information of the Crown, or all the King's subjects who may require the information they contain, the entry by a public officer is presumed to be true when it is made, and it is for that reason receivable in all cases, whether the officer or his successor may be concerned in such cases or not."[287]

Hinzu kommt als weiteres Argument, daß es vielfach nicht nur schwierig, sondern unmöglich ist, für Tatsachen der hier in Betracht kommenden Art, nämlich facts of a public nature, den Beweis durch die eidliche Vernehmung von unmittelbaren Zeugen zu erbringen.[288]

Dieser Ausnahme, die letztlich die Zulässigkeit des „Urkundenbeweises" in gerichtlichen Verfahren zum Gegenstand hat, kam früher aus naheliegenden Gründen eine außerordentliche Bedeutung im Rahmen des den Beweis vom Hörensagen regelnden Rechts zu. Heute spielt sie als Ausnahme des common law in der Praxis jedoch nur noch eine verhältnismäßig geringe Rolle, denn inzwischen hat der englische Gesetzgeber die Zulässigkeit zahlreicher „public documents" bzw. die Zulässigkeit der in ihnen enthaltenen Erklärungen gesetzlich, d. h. durch statute law geregelt. Da eine — wenn auch nur beispielhaft mögliche — Wiedergabe der gesetzlichen Ausnahmebestimmungen noch an späterer Stelle dieser Arbeit folgt, kann sich mit Rücksicht auf die heute relativ geringe Bedeutung der Ausnahme im common law die Darstellung derselben hier darauf beschränken, nur einen Überblick über die grundsätzlichen Erfordernisse für die Zulässigkeit von statements in public documents zu geben.

### *b) Voraussetzungen für die Zulässigkeit*

Die entscheidende Voraussetzung für die Zulässigkeit einer in einem document enthaltenen Erklärung ist, daß das betreffende document ein „public document" im Sinne der vorliegenden Ausnahme von der Hearsay Rule darstellt. *Phipson*[289] und — ihm folgend — *Baker*[290] unterteilen die in dem Zusammenhang vor allem in Betracht kommenden documents in sechs Hauptgruppen[291], nämlich

---

[286] Vgl. z. B. *Baker*, a. a. O., S. 132; *Cross*, a. a. O., S. 425 f.

[287] So *Parke, B.*, in der Entscheidung Irish Society v. The Bishop of Derry (1845), 12 Cl. & F. 641 (668 f.); 8 E. R. 1561 (1573).

[288] *Phipson*, a. a. O., RdNr. 1102; *Baker*, a. a. O., S. 134.

[289] A. a. O., RdNr. 1102.

[290] A. a. O., S. 144.

[291] So auch *Halsbury*'s Laws of England, Vol. 15, Nr. 571.

1. Statutes, State Papers, and Gazettes,
2. Public Registers,
3. Public Inquisitions, Surveys, Assessments, and Reports,
4. Official Certificates,
5. Corporation, Company, and Bankers' Books,
6. Published Histories, Maps, Dictionaries, Tables, etc.

Diese Aufzählung läßt bereits die außerordentlich unterschiedliche Natur der fraglichen documents erkennen. Entsprechend schwierig gestaltet sich die Feststellung der einzelnen Erfordernisse, die jeweils erfüllt sein müssen, soll das betreffende document ein „public" document sein und damit der genannten Ausnahmeregelung unterliegen. Die Voraussetzungen für das Merkmal „public document" sind im großen und ganzen zwar für alle in Frage kommenden documents die gleichen, doch sind sie, bedingt durch eben die Verschiedenartigkeit der documents, in einzelnen Fällen zweifellos gewissen Modifikationen unterworfen.[292] Diese — wie die verschiedenen Arten von documents überhaupt — hier in allen Einzelheiten zu untersuchen und darzustellen würde allerdings zu weit führen. Daher bleiben sie in der nachfolgenden kurzen Betrachtung der an public documents zu stellenden Erfordernisse unberücksichtigt.[293]

Nach dem zur Zeit geltenden Recht, wie es sich seit dem judgment von Lord *Blackburn* in der Entscheidung des House of Lords in dem Fall Sturla v. Freccia[294] insbesondere auf Grund der Erkenntnisse in Mercer v. Denne[295], A.-G. v. Horner (No. 2)[296] sowie Lilley v. Pettit[297] entwickelt hat[298], handelt es sich bei diesen Erfordernissen im wesentlichen darum, daß das document sich auf eine „public matter" beziehen muß, daß es nicht nur zu einem vorübergehenden Zweck geschaffen worden sein darf, daß es der Öffentlichkeit zugänglich sein und diese sich auf dasselbe berufen können muß, und schließlich, daß es von einem public officer in Ausübung einer entsprechenden Pflicht hergestellt worden sein muß.

### aa) Das Document muß sich auf eine „Public Matter" beziehen

Die Anerkennung als public document setzt somit u. a. voraus, daß sich das betreffende document auf eine „public matter" bezieht. Was

---

[292] *Cross*, a. a. O., S. 428 und 430.

[293] Einen Überblick sowie eine Zusammenstellung der fast unübersehbaren Rechtsprechung gibt *Phipson*, a. a. O., RdNr. 1101—1270.

[294] (1880) 5 A. C. 623 (insb. S. 642 ff.).

[295] [1904] 2 Ch. 534 (541); [1905] 2 Ch. 538.

[296] [1913] 2 Ch. 140 (155 f.).

[297] [1946] 1 All E. R. 593.

[298] Vgl. dazu vor allem *Baker*, a. a. O., S. 133 ff., insbes. 134 ff., sowie das Judicial Committee of the Privy Council in Thrasyvoulos Iannou v. Papa Christoforos Demetriou, [1952] A. C. 84.

im Hinblick auf dieses Erfordernis unter „public" genau zu verstehen ist, läßt sich letztlich zwar nicht mit absoluter Bestimmtheit sagen[299]. Sicher ist jedoch, daß damit nicht „the whole world" gemeint ist; vielmehr genügt es, wenn es sich um eine Angelegenheit handelt, die beispielsweise nur eine Gemeinde oder auch nur einen bestimmten Teil einer solchen betrifft.[300] So ist das Merkmal „public" z. B. in bezug auf die court rolls eines Gutes (manor) mit der Begründung bejaht worden:

> "They are the public documents by which the inheritance of every tenant is preserved and the records of the manor court, ..., relating to all property within the manor."[301]

Demgegenüber sind die von einem Postamt über die Absende- und Ankunftszeiten von Telegrammen geführten Listen als unzulässige Beweismittel u. a. auch deswegen zurückgewiesen worden, weil sie allein postinternen Belangen dienten, denn sie seien

> "merely kept for the purpose of regulating the pay and the work of Post Office servants."[302]

bb) Das Document darf nicht nur zu einem vorübergehenden Zweck geschaffen worden sein

Weiterhin bedingt die Anerkennung als public document, daß das fragliche document ursprünglich nicht in der Absicht geschaffen worden ist, bloß vorübergehend, d. h. nur für einen kurzen Zeitraum einem bestimmten Zweck zu dienen. Darauf haben Lord *Blackburn* und Lord *Watson* schon in der Entscheidung des House of Lords in Sturla v. Freccia[303] hingewiesen, und das Nichterfülltsein dieses Erfordernisses war schließlich sowohl in Mercer v. Denne[304] als auch in Heyne v. Fischel[305] einer der Gründe, aus denen die als Beweis angebotenen documents zurückgewiesen wurden.

cc) Das Document muß der Öffentlichkeit zugänglich sein, und sie muß sich auf dasselbe berufen können

Ferner wird von einem public document gefordert, daß es der Öffentlichkeit zugänglich ist, von ihr also ohne weiteres eingesehen werden kann, so daß jeder davon Betroffene die Möglichkeit hat,

---

[299] *Cross*, a. a. O., S. 429; *Baker*, a. a. O., S. 138 f.

[300] Lord *Blackburn* in Sturla v. Freccia, (1880) 5 A. C. 623, 643; *Baker*, a. a. O., S. 138; *Cross*, a. a. O., S. 429.

[301] Heath v. Deane, [1905] 2 Ch. 86, 91.

[302] Heyne v. Fischel, (1913) 30 T. L. R. 190.

[303] A. a. O., S. 644 bzw. 649.

[304] [1905] 2 Ch. 538.

[305] Siehe oben, Anm. 302.

gegebenenfalls auf dasselbe zu verweisen oder sich auf dasselbe zu berufen. Seinen Ursprung findet dieses Erfordernis in dem insoweit zwar nur erst als obiter dictum anzusehenden judgment von Lord *Blackburn* in Sturla v. Freccia; dort führte jener Richter aus, daß er unter einem public document ein solches verstehe,

> "that is made for the purpose of the public making use of it, and being able to refer to it."[306]

An anderer Stelle meinte er sogar, daß

> "the very object of it must be that it should be made for the purpose of being kept public, so that the persons concerned in it may have access to it afterwards."[307]

Seit der Entscheidung in der Strafsache Lilley v. Pettit[308] ist es jedoch endgültig geltendes Recht, daß dieses Erfordernis erfüllt sein muß. Mag es auch, wie *Baker*[309] meint, für diese Voraussetzung „no justification in principle" geben, der King's Bench Divisional Court jedenfalls hat in einem Strafverfahren wegen falscher Angaben offizielle regimental records als Beweis ausdrücklich mit der Begründung zurückgewiesen, daß sie keine public documents seien,

> "because they were not documents to which the public could have access and were not kept for the use and information of the public but for the information of the Crown and the Executive".[310]

Dem lag folgender Sachverhalt zugrunde: Die Angeklagte hatte bei der Anmeldung der Geburt ihres Kindes ihren Ehemann als den Erzeuger angegeben. Die Anklage behauptete, diese Angabe sei falsch; der Ehemann könne gar nicht der Vater des Kindes sein, da er während der in Betracht kommenden Empfängniszeit in Übersee seinen Militärdienst ohne Unterbrechung abgeleistet habe. Zum Beweis hierfür berief sie sich auf die entsprechenden regimental records, die erwiesenermaßen „were official records and documents, kept by the government department and preserved at the Regimental Records Office". Das Gericht wies jedoch dieses Beweismittel als unzulässig zurück, wobei der Vorsitzende, Lord Chief Justice *Goddard*, erklärte, daß

> "because a document is an official document it by no means follows that it is a public document, whithin the meaning of the rule."[311]

Da andere Beweismittel nicht vorhanden waren, wurde die Angeklagte in dem Verfahren freigesprochen.

---

306 A. a. O., S. 643.
307 A. a. O., S. 644.
308 [1946] 1 All E. R. 593.
309 Hearsay Rule, S. 137 und 138.
310 Lilley v. Pettit, a. a. O.
311 A. a. O., S. 595.

Das Judicial Committee of the Privy Council schließlich hat sich dem in der Entscheidung Thrasyvoulos Iannou v. Papa Christoforos Demetriou[312] angeschlossen und darüber hinaus die Anerkennung als public document sogar davon abhängig gemacht, daß

> "the document is not only available for public inspection, but was brought into existence for that very purpose."

### dd) Das Document muß von einem Public Officer in Ausübung einer entsprechenden Pflicht geschaffen worden sein

Endlich setzt die Anerkennung als public document auch noch voraus, daß das document von einem public officer in Erfüllung einer entsprechenden „public duty" geschaffen worden ist. Dabei ist es gleichgültig, ob der betreffenden Person diese Verpflichtung auf Grund des common law oblag oder ob sie ihr kraft Gesetzes (statute law) auferlegt war[313], nur muß es sich um eine „public" Pflicht gehandelt haben. Diesem Erfordernis entspricht beispielsweise ein auf private Anordnung hin erstelltes document auch dann nicht, wenn es in einem public office angefertigt worden ist.[314] Aber selbst ein von einem public officer in Erfüllung einer public duty hergestelltes document ist als Beweis unzulässig, wenn die Eintragungen darin nicht „for the benefit of third persons", sondern allein deswegen gemacht worden sind, um bestimmten Personen nur eine Kontrollmöglichkeit über die Dienstausübung des Eintragenden zu geben.[315]

Was nun in diesem Zusammenhang im englischen Recht unter einer „public" duty zu verstehen ist, läßt sich an Hand der Rechtsprechung weder genau definieren noch auch nur mit einiger Bestimmtheit sagen. Die ordnungsgemäßen Eintragungen in den parish registers bezüglich der Geburten, Eheschließungen und Sterbefälle galten z. B. bereits vor dem Erlaß entsprechender gesetzlicher Vorschriften als zulässige Beweismittel im Sinne dieser Ausnahme von der Hearsay Rule, weil die auch schon nach common law bestehende Verpflichtung, diese Eintragungen vorzunehmen, als eine public duty in dem hier gemeinten Sinne angesehen wurde.[316] Ebenso sind nach den Ausführungen von Lord Chief Justice *Denman* in dem Fall Merrick v. Wakley[317] die Eintragungen in dem register of the Navy-Office wie auch die in den books of the Master's office als auf einer solchen public duty be-

---

312 [1952] A. C. 84.

313 Siehe dazu *Baker*, a. a. O., S. 139.

314 Daniel v. Wilkin, (1852) 7 Ex. 429; 155 E. R. 1016.

315 Merrick v. Wakley, (1838) 8 A. & E. 170; 112 E. R. 802.

316 Sturla v. Freccia, (1880) 5 A. C. 623, 644.

317 A. a. O., S. 172 bzw. 803.

ruhend anzusehen.[318] Dasselbe gilt nach Baron *Parke* auch in bezug auf diejenigen surveys, die „by officers of the Crown under a commission“ angefertigt wurden.[319] Aus alledem läßt sich aber — wie gesagt — keine abstrakte Begriffsbestimmung für das Merkmal „public duty“ gewinnen. Man wird nur so viel sagen können, daß die Pflicht, bestimmte Erklärungen in documents niederzulegen, zumindest dann keine „public“ duty darstellt, wenn sie allein gegenüber einer Privatperson besteht. Dabei ist darauf hinzuweisen, daß in diesem Zusammenhang auch die englische Krone unter Umständen einmal als Privatperson betrachtet werden kann.[320]

Erfüllt ein document alle die vorstehend erörterten Bedingungen und stellt es damit ein public document im Sinne dieser Ausnahme von der Hearsay Rule dar, so ist seine Zulässigkeit als Beweis darüber hinaus weder davon abhängig, daß die Vornahme der Eintragung zeitlich zusammen (contemporaneously) fiel[321] mit dem Ereignis, auf das sie sich bezieht[322], noch unbedingt davon, daß der Eintragende persönlich unmittelbare Kenntnis von den eingetragenen Tatsachen hatte:

> "The principle on which entries in a register are admitted is not that the person who makes the entry does it conpemporaneously or of his own knowledge. ... It depends upon the public duty of the person who keeps the register to make such entries in it, after satisfying himself of their truth."[323]

Ebenso ist es für die Frage der Zulässigkeit ohne Bedeutung, ob der public officer irgendein Interesse gehabt hat oder nicht, die Tatsachen ungenau, entstellt oder gar falsch einzutragen (to misrepresent)[324]; dies ist allein für die Beurteilung des Beweiswertes bedeutsam. Das folgt klar aus der bereits eingangs zitierten Entscheidung des House of Lords in dem Fall Irish Society v. The Bishop of Derry, wo es insoweit ausdrücklich heißt:

> "In public documents ... the entry by a public officer ... is ... receivable in all cases, whether the officer or his successor may be concerned in such cases or not. ... The observation that it might have been fabricated

---

[318] Weitere Beispiele in: D'Israeli v. Jowett, (1795) 1 Esp. 427; 170 E. R. 408; R. v. Martin, (1809) 2 Camp. 100; 170 E. R. 1094; Collins v. Carnegie, (1834) 1 A. & E. 695; 110 E. R. 1373.

[319] Daniel v. Wilkin, a. a. O., S. 437 bzw. 1020.

[320] Evans v. Merthyr Tydfil U. D. C., [1899] 1 Ch. 241 (252).

[321] Siehe dazu oben, S. 93 f.

[322] Vgl. z. B. Walker v. Wingfield, (1812) 18 Ves. Jun. 443; 34 E. R. 384.

[323] So *Erle, J.*, in der Entscheidung Doe v. Andrews, (1850) 15 Q. B. 756 (759); 117 E. R. 644 (645). — Ausführlicher zu diesem Punkt: *Baker*, a. a. O., S. 142 ff.

[324] *Baker*, a. a. O., S. 141.

to advance the interests of the officer, affects the value of the evidence, not its admissibility."[325]

Abschließend bleibt zu erwähnen, daß das oberste englische Gericht auch fremdländische public documents als Beweis „as to those matters which are properly and regularly recorded in them" für zulässig erklärt hat, sofern

"it sufficiently appears ... that they have been kept under the sanction of public authority, and are recognised by the tribunals of the country (i. e. of the country where they are kept) as authentic records."[326]

## 5. REPUTATION OF MARRIAGE

### *a) Allgemeines*

Sobald es in einem gerichtlichen Verfahren für die Entscheidung darauf ankommt, ob zwei Menschen eine rechtsgültige Ehe miteinander geschlossen haben und ein Ehepaar bilden, erhebt sich die Frage, wie dies unter Beweis gestellt werden muß bzw. gestellt werden kann. Bereits im Jahre 1827 haben englische Richter eine Entscheidung auf die als allgemein, fest begründet und nie angezweifelt bezeichnete rule gestützt, „that reputation is sufficient evidence of marriage"[327], d. h. daß es ausreichender Beweis für das Bestehen der Ehe sei, wenn die betreffenden beiden Personen allgemein bei den Leuten in dem Ruf stünden, ein Ehepaar zu sein.

Obwohl *Phipson* die Zulässigkeit dieses Beweises nicht als eine Ausnahme von der Hearsay Rule ansieht, vielmehr darüber in einem eigenen Kapitel handelt[328], kann, wie *Baker*[329] und *Cross*[330] zutreffend meinen, kaum ein Zweifel bestehen, daß es sich bei diesem Beweis zumindest dann um hearsay handelt, wenn ein Zeuge darüber vernommen wird, ob die Leute die beiden wie ein Ehepaar Zusammenlebenden für ein solches halten und sie auch entsprechend behandeln, und wenn diese Aussage als Beweis für das tatsächliche Bestehen der Ehe verwendet wird.[331] Denn es kann nicht ernsthaft bestritten werden, daß, wie *Baker* es ausdrückt, die Ansicht der Nachbarn

---

[325] (1845) 12 Cl. & F. 641 (668 f.); 8 E. R. 1561 (1573), per *Parke, B.*

[326] Lyell v. Kennedy, (1889) 14 A. C. 437 (448 f.), per Earl of *Selborne.*

[327] *Best, C. J.*, und *Park, J.*, in Doe v. Fleming, 4 Bing. 266; 130 E. R. 769.

[328] Evidence, RdNr. 1271 ff.

[329] Hearsay Rule, S. 131 f.

[330] Evidence, S. 455 f.

[331] Auch in *Halsbury's* Laws of England, Vol. 10, Nr. 857, Anm. (m), wird insoweit eine Ausnahme von der Hearsay Rule bejaht; ebenso: *Wigmore* on Evidence, Vol. 5, § 1602.

"as expressed either in words or conduct is being testified to by a third person for the purpose of proving the truth of the contents of the assertions thus made either in words or conduct."[332]

Allerdings setzt die Zulässigkeit voraus, daß es sich um eine „general" reputation handelt, d. h. die Bekundungen des oder der Zeugen müssen eine bei zahlreichen Leuten vorherrschende Meinung zum Gegenstand haben[333]; keinesfalls genügt es hier etwa, daß die Aussage allein auf den Erklärungen einer einzigen oder einiger weniger Personen, daß sie die beiden für ein Ehepaar halten, beruht.[334]

Grundsätzlich ist der „evidence of general reputation of marriage" gleichermaßen in zivilen Rechtsstreitigkeiten wie in Strafverfahren zulässig.[335] Eine Ausnahme hiervon macht das englische Recht jedoch für das Gebiet des Strafprozeßrechts[336], nämlich in den Strafverfahren wegen Bigamie.

### *b) Unzulässigkeit in Strafverfahren wegen Bigamie*

In Strafverfahren wegen Bigamie ist es der Anklagevertretung ausnahmslos verwehrt, den Beweis für die behauptete rechtsgültige erste Eheschließung des Angeklagten mittels einer „general reputation of marriage" zu erbringen.[337] Insoweit ist diese Ausnahme von der Hearsay Rule eingeschränkt. Der Ankläger ist vielmehr gehalten, in jedem Falle die rechtsgültige Eingehung der ersten Ehe und deren Bestehen zur Zeit der zweiten Eheschließung anderweit zu beweisen; ist das nicht möglich, muß der Angeklagte vom Vorwurf der Bigamie freigesprochen werden. Selbst wenn der Angeklagte sich selbst der Bigamie bezichtigt und ausdrücklich zugibt, zur Zeit der zweiten Eheschließung noch rechtsgültig verheiratet gewesen zu sein, bildet das allein noch keine Grundlage, die eine Verurteilung wegen Bigamie zu rechtfertigen vermag.[338]

Andererseits ist es dem Angeklagten, der sich gegen den Vorwurf der Bigamie damit verteidigt, daß sein „erster Ehepartner" bei der Eingehung der Ehe mit ihm noch mit einem Dritten rechtsgültig verheiratet gewesen sei, gestattet, sich zum Beweis für seine Behaup-

---

[332] A. a. O., S. 132.

[333] In Betracht kommen etwa die Nachbarn, Verwandte, Bekannte und Freunde des Paares.

[334] *Phipson*, a. a. O., RdNr. 1278.

[335] R. v. Woodward, (1838) 8 C. & P. 561; 173 E. R. 618.

[336] In Zivilverfahren wird eine Ausnahme bei Klagen auf Ehescheidung und bei Klagen wegen trespass for criminal conversation gemacht.

[337] Catherwood v. Caslon, (1844) 13 M. & W. 261 (265); 153 E. R. 108 (110); R. v. Flaherty, (1847) 2 C. & K. 782; 175 E. R. 328.

[338] R. v. Flaherty, a. a. O.

tung auf eine entsprechende reputation of marriage zu berufen. In einem solchen Fall ist dieser Beweis wieder zulässig.[339]

## 6. ZWEIFELHAFTE AUSNAHMEN: COMPLAINTS IN SEXUAL CASES — RES GESTAE

*a)* Nach heute absolut gefestigter Rechtsprechung darf in einem Strafverfahren, dessen Gegenstand ein Sittlichkeitsdelikt (wie rape, indecent assault usw.) ist, ein Zeuge darüber vernommen werden, ob das Opfer[340] nach der Tat sich bei ihm über dieselbe und den Täter beklagt (to complain) und welche Einzelheiten es ihm gegebenenfalls dabei mitgeteilt hat.[341] Die Aussage darf allerdings nicht als Beweis für die Richtigkeit oder Unrichtigkeit der Behauptungen des Opfers wie auch nicht als corroboration für dessen eigene Aussage verwendet werden. Mit ihrer Hilfe kann allein dargetan werden, daß die Bekundungen des Opfers, die es als Zeuge im Zeugenstand bezüglich der Tat und des Täters macht, mit den Erklärungen übereinstimmen, die es seinerzeit gegenüber dem Dritten abgegeben hat, und daß es, sofern eine eventuelle Einwilligung zu der Handlung des Täters von Bedeutung ist, diese nicht gegeben hatte.

*b)* Ebenso bestehen im Ergebnis weder im Schrifttum noch in der Rechtsprechung irgendwelche Zweifel, daß in allen gerichtlichen Verfahren jede Erklärung eines Dritten als Beweis zulässig ist, sofern das, was er erklärt, einen Bestandteil des „res gestae“, d. h. des eigentlichen Tatgeschehens, über das zu befinden ist, bildet. Die insoweit an die Zulässigkeit gestellten Anforderungen sind allerdings außerordentlich streng. Zur Veranschaulichung mag der Fall R. v. Bedingfield[342] dienen: B. wurde des Mordes an einer Frau angeklagt. Er hatte sie eines Morgens in ihrer Wohnung aufgesucht; kurze Zeit später war sie mit durchschnittener Kehle aus dem Haus gestürzt. Auf dem Hof hatte sie dann zwei Mitarbeiterinnen getroffen und der einen noch erklären können, daß Harry (der Angeklagte) der Täter sei; wenige

---

[339] R. v. Wilson, (1862) 3 F. & F. 119; 176 E. R. 53.

[340] Seit der Entscheidung R. v. Camelleri, (1922) 16 Cr. App. R. 162, ist es gleichgültig, ob das Opfer eine weibliche oder männliche Person ist; bis dahin mußte es eine Frau oder ein Mädchen sein, andernfalls der Beweis unzulässig war.

[341] Siehe dazu vor allem die Entscheidungen R. v. Lillyman, (1896) 18 Cox C. C. 346; R. v. Osborne, [1905] 1 K. B. 551, sowie D. P. P. v. Christie, (1914) 10 Cr. App. R. 141; vgl. ferner: R. v. Wood, (1877) 14 Cox C. C. 46; R. v. Kiddle, (1898) 19 Cox C. C. 77; R. v. Lee, (1911) 7 Cr. App. R. 31; R. v. Evans, (1924) 18 Cr. App. R. 123; R. v. Coulthread, (1933) 24 Cr. App. R. 44; R. v. Wallwork, (1958) 42 Cr. App. R. 153.

[342] (1879) 14 Cox C. C. 341.

Minuten darauf war sie gestorben. Der Anklagevertreter wollte nun die Mitarbeiterin als Zeugin darüber vernehmen, was ihr die Verletzte kurz vor dem Tode auf dem Hof mitgeteilt hatte. Die Zulässigkeit dieses Beweises begründete er u. a. damit, daß das, was die Zeugin bekunden sollte, einen Teil der „res gestae" darstelle. Chief Justice *Cockburn* wies den Beweis jedoch zurück, weil

> "it was not part of anything done, or something said while something was being done, but something said after something done. It was not as if, while being in the room, and while the act was being done, she had said something which was heard. ... Anything uttered by the deceased at the time the act was being done would be admissible, as, for instance, if she had been heard to say something, as 'Don't Harry!' But here it was something stated by her after it was all over, whatever it was, and after the act was completed."[343]

Mag dieses Ergebnis unter Umständen auch als überspitzt empfunden werden[344], so ist es doch erst in neuerer Zeit noch einmal ausdrücklich vom Judicial Committee of the Privy Council in dem Fall Teper v. R.[345] bestätigt worden: Dort führte Lord *Normand* unter Berufung auf die vorgenannte Entscheidung aus,

> "that it is essential that the words sought to be proved by hearsay should be, if not absolutely contemporaneous with the action or event, at least so clearly associated with it, in time, place and circumstances, that they are part of the thing being done, and so an item or part of real evidence and not merely a reported statement."[346]

*c)* In den beiden genannten Fällen — complaints in sexual cases wie res gestae — ist zwar, wie gesagt, die Zulässigkeit der Erklärung als Beweis unbestritten, doch auch nur die Zulässigkeit als solche. Hinsichtlich der Einzelheiten, insbesondere aber hinsichtlich der Frage, ob es sich hier überhaupt um echte Ausnahmen von der Hearsay Rule handelt, sind die Ansichten sehr geteilt. Bei *Archbold* wie bei *Harris* beispielsweise wird es offenbar als völlig selbstverständlich angesehen, daß es sich um wahre Ausnahmen handelt, denn sie werden ohne jede Begründung als solche aufgeführt.[347] Ebenso wird in *Halsbury*'s Laws of England[348] die Zulässigkeit von complaints in sexual cases ohne irgendeine Begründung als eine Ausnahme von der Hearsay Rule bezeichnet, während dort die Stellungnahme zu der Zulässigkeit einer Erklärung, die Teil der res gestae bildet, nicht eindeutig ist[349]. Dem-

---

[343] A. a. O., S. 342 f.

[344] Vgl. dazu z. B. *Cross,* [1965] Crim. L. R. 68, 83.

[345] [1952] A. C. 480.

[346] A. a. O., S. 487.

[347] *Archbold,* Crim. Pleading, §§ 1071, 1075 f., 1077 f.; *Harris*'s Crim. Law, S. 722, 723.

[348] Vol. 10, Nr. 857.

[349] Vgl. a. a. O., Nr. 816.

gegenüber vertreten z. B. *Baker*[350] und *Phipson*[351] unmißverständlich die Ansicht, daß es sich insoweit in keinem Fall um echte Ausnahmen, sondern vielmehr um original evidence handle. *Cross* schließlich meint, daß die Zulässigkeit von complaints nur dann eine Ausnahme von der rule against hearsay darstelle, wenn damit bewiesen werden solle, daß das Opfer der Tat nicht seine Einwilligung zu derselben gegeben habe; jedoch müsse man auch insoweit eher von einer potentiellen als von einer tatsächlichen Ausnahme reden.[352] Hinsichtlich der Zulässigkeit von Erklärungen als Teil der res gestae steht er auf dem Standpunkt, daß es sich in einigen Fällen um echte Ausnahmen, in anderen dagegen nicht um solche handle[353]; es komme ganz auf den Zweck an, dem der Beweis gegebenenfalls dienen solle.

Wie wenig auch die Rechtsprechung letztlich zu einer wirklichen Klärung dieser Frage beiträgt, geht schon daraus hervor, daß sich alle Autoren zur Stützung der jeweils von ihnen vertretenen Ansicht auf Entscheidungen englischer Gerichte berufen. Und in der Tat ist es zumindest ohne genaueste Untersuchung aller in Betracht kommenden Entscheidungen — und deren Zahl ist fast unübersehbar — nicht möglich, auch nur annähernd eine gewisse Klarheit in der Rechtsprechung festzustellen. So führt *Cross*[354] beispielsweise die Entscheidung des House of Lords in dem Fall D. P. P. v. Christie[355] zutreffend als eine solche an, in der das oberste englische Gericht eindeutig die Meinung vertreten habe, daß Erklärungen, die Teil der res gestae bildeten, niemals im Wege der Ausnahme von der Hearsay Rule als Beweis für die Richtigkeit oder Unrichtigkeit des Erklärten zugelassen worden seien. Lord *Atkinson* hat dort in seinem judgment ausdrücklich erklärt, man müsse sich stets vergegenwärtigen, daß als Teil der res gestae zugelassene Erklärungen

> "are not, as against the accused, affirmative evidence of the facts stated, but only of the knowledge of, or the belief in, those facts by the person who makes the statement, or of his intention in respect of them."[356]

Demgegenüber heißt es in dem judgment von Lord *Normand* in der Entscheidung des Judicial Committee of the Privy Council in dem Fall Teper v. R.[357] zu diesem Punkt,

> "... that the words sought to be proved by h e a r s a y should be ..."[358]

---

[350] Hearsay Rule, S. 153 ff.
[351] Evidence, RdNr. 634, 632.
[352] *Cross*, Evidence, S. 453.
[353] A. a. O., S. 458 ff.
[354] A. a. O., S. 459.
[355] (1914) 10 Cr. App. R. 141.
[356] A. a. O., S. 154.
[357] [1952] A. C. 480 (487).
[358] In der Entscheidung ist das Wort „hearsay" nicht gesperrt gedruckt.

Und bisher ist noch von keiner Seite etwa behauptet worden, daß die erstere Entscheidung insoweit durch die letztere „overruled" sei.

Im Rahmen der vorliegenden Arbeit ist es, soll ihr Umfang ein vertretbares Maß nicht überschreiten, schon wegen der völligen Zweifelhaftigkeit, ob es sich überhaupt um echte Ausnahmen von der Hearsay Rule handelt, unmöglich, die Zulässigkeit von complaints in sexual cases wie von Erklärungen, die einen Teil der res gestae bilden, näher zu untersuchen und ihre Voraussetzungen im einzelnen darzustellen; die Ausführungen müssen daher hier auf die wenigen oben gegebenen Hinweise beschränkt bleiben.

## IV. Ausnahmen nach Statute Law

Bereits zu Beginn des 2. Teiles dieser Arbeit ist darauf hingewiesen worden, daß — im Gegensatz zur Hearsay Rule selbst — zahlreiche ihrer Ausnahmen vom englischen Gesetzgeber durch Gesetze (statutes) geschaffen bzw. in solchen formuliert worden sind. Eine Darstellung sämtlicher Vorschriften, die Ausnahmen von der Rule enthalten, ist hier jedoch unmöglich; möglich ist allein eine begrenzte, nur beispielhaft gemeinte Wiedergabe, denn das englische Recht kennt keine zentrale, für alle Fälle einheitlich geltende Regelung, vielmehr sind die in Betracht kommenden Bestimmungen unübersichtlich in zahllosen Gesetzen verstreut.

Die bei der nachfolgenden Wiedergabe einzelner Vorschriften beobachtete Reihenfolge, darauf sei hier ausdrücklich aufmerksam gemacht, besagt grundsätzlich nichts über die Bedeutung, die der jeweiligen Ausnahme in der englischen Gerichtspraxis insbesondere im Hinblick auf Strafverfahren zukommt. Eine Einstufung der gesetzlichen Ausnahmen nach ihrer wirklichen verfahrensrechtlichen Bedeutung wäre nur auf Grund von langjährigen in der Praxis gesammelten Erfahrungen möglich.

### 1. THE CRIMINAL EVIDENCE ACT 1965

Der Criminal Evidence Act 1965[359] ist wahrscheinlich eine unmittelbare Folge der außerordentlich bedeutsamen Entscheidung des House of Lords in dem Fall Myers v. D. P. P.[360]; zumindest jedoch hat diese Entscheidung den letzten Anstoß zu der Schaffung des Gesetzes gegeben. Obwohl sich die Ausführungen in diesem Abschnitt der Arbeit grundsätzlich darauf beschränken, einige gesetzliche Bestimmungen ohne weitere Erörterungen nur in ihrem Wortlaut wiederzugeben, soll davon in bezug auf den Criminal Evidence Act

---

[359] *Halsbury*'s Statutes of Engl., Vol. 45, S. 352 f.

[360] (1964) 48 Cr. App. R. 348.

1965 eine Ausnahme gemacht werden. Ein näheres Eingehen auf die oben genannte Entscheidung erscheint insofern angebracht, als gerade dieser Fall weitgehend ein kennzeichnendes Licht auf die Gesamtsituation hinsichtlich des den Beweis vom Hörensagen regelnden Rechts in England wirft.

### *a) Der Fall Myers v. D. P. P.*

Das höchste englische Gericht hatte im Jahre 1964 über folgenden Sachverhalt — soweit er hier von Interesse ist — zu befinden: Dem Angeklagten wurden conspiracy zu verschiedenen Delikten sowie receiving vorgeworfen. Die Anklage behauptete, daß er stark beschädigte Personenkraftwagen mit den zugehörigen Fahrzeugpapieren — den log-books — erworben, deren amtliche Kennzeichen sowie andere Identifizierungsmerkmale auf gleich aussehende gestohlene Wagen übertragen und diese sodann an gutgläubige Dritte verkauft habe. Die Verteidigung des Angeklagten ging dahin, die von ihm verkauften Fahrzeuge seien tatsächlich die erworbenen beschädigten gewesen, die er zuvor repariert hätte. Bei den Identifizierungsmerkmalen handelte es sich vor allem um die Fahrgestell- und die Motor-Nummer. Diese beiden Daten, die auch in dem jeweiligen log-book eingetragen waren, befanden sich auf kleinen, am Wagen angebrachten Platten, die ohne weiteres gegen andere ausgetauscht werden konnten. Nicht verändert werden konnte dagegen die in den Zylinderblock eingestanzte Zylinderblock-Nummer des betreffenden Fahrzeugs; sie war jedoch nicht in dem log-book eingetragen. Die Verhandlung gegen den Angeklagten ergab nun u. a., daß die Herstellungsfirma der beschädigten und der gestohlenen Kraftwagen für jedes einzelne ihrer gerade in der Produktion befindlichen Fahrzeuge eine Karte führt, auf der die jeweils mit dem Zusammenbau oder Einbau befaßten Arbeiter neben anderen Daten sowohl die Fahrgestell- und die Motor-Nummer als auch die Zylinderblock-Nummer vermerken. Somit gibt eine solche Karte Auskunft darüber, welche Fahrgestell- und welche Motor-Nummer zu welcher Zylinderblock-Nummer gehört. Nach Fertigstellung des Kraftfahrzeugs wird die entsprechende Karte auf Mikrofilm aufgenommen und anschließend vernichtet; die Filme werden aufbewahrt; hierfür ist ein Angestellter der Firma zuständig und verantwortlich.

Da — wie gesagt — der Angeklagte zwar die Fahrgestell- und die Motor-Nummer bei einem gestohlenen Wagen gegen diejenigen eines von ihm erworbenen beschädigten Autos ausgetauscht, nicht aber die betreffende Zylinderblock-Nummer geändert haben konnte, stellten die genannten Unterlagen der Herstellungsfirma ein wichtiges Beweismittel dar. Die Anklage benannte denn auch den mit der Verwaltung der Aufzeichnungen betrauten Angestellten der Firma als Zeugen. Er sollte an Hand der Unterlagen bekunden, welche Fahrgestell- und

Motor-Nummern richtigerweise zu welchen Zylinderblock-Nummern gehörten. Die Verteidigung erhob gegen diesen Beweis Einspruch mit der Begründung, daß es sich um hearsay evidence handle, denn der Zeuge kenne die zu bekundenden Tatsachen allein vom Hörensagen; die manufacturers' records dürften daher nicht als Beweis für die Richtigkeit der in ihnen enthaltenen Angaben verwendet werden. Der erstinstanzliche Richter wies den Einspruch ohne nähere Begründung zurück und ließ — der Praxis des Central Criminal Court folgend — den Beweis zu.[361] Die anschließend mit der Sache befaßten drei Richter des Court of Criminal Appeal sahen in der Zulassung dieses Beweises ebenfalls keine Verletzung der Hearsay Rule, weil — wie sie erklärten — „its probative value does not depend upon the credit of an unidentified person, but rather on the circumstances in which the record is maintained and the inherent probability that it will be correct rather than incorrect."[362]

Die fünf Richter des House of Lords dagegen waren übereinstimmend der Ansicht, daß die Zulassung des Beweises nach geltendem Recht eine Verletzung der Hearsay Rule bedeutete und daß von keiner der bestehenden und anerkannten Ausnahmen die Voraussetzungen erfüllt waren.[363] Während zwei von diesen Richtern[364] meinten, das Gericht müsse mit Rücksicht auf Fälle der vorliegenden Art eine neue Ausnahme von der Rule schaffen und den Beweis zulassen, lehnten die übrigen drei[365] dies ab. Lord *Reid* führte in seinem judgment aus, daß die Zurückweisung des Beweises als hearsay evidence „is a highly technical point, but the law regarding hearsay evidence is technical, and I would say absurdly technical."[366] Er und mit ihm die Lords *Morris* of *Borth-y-Gest*[367] und *Hodson*[368] kamen zu dem Schluß, daß

> "there are limits to what we can or should do. If we are to extend the law, it must be by the development and application of fundamental principles. We cannot introduce arbitrary conditions or limitations: that must be left to legislation. ... The only satisfactory solution is by

---

[361] Myers v. D. P. P., (1964) 48 Cr. App. R. 348 (352).

[362] A. a. O., S. 355.

[363] In Betracht kamen nur die beiden Ausnahmen „statements in public documents" und „declarations in the course of duty". Jeweils fehlte es jedoch an einer wesentlichen Voraussetzung: Weder stellten die betreffenden records ein public document dar noch konnte, da die Arbeiter, die die Nummern am Wagen angebracht und sie auf den Karten eingetragen hatten, nicht zu identifizieren waren, bewiesen werden, daß sie inzwischen verstorben waren.

[364] Lord *Pearce* und Lord *Donovan.*

[365] Lords *Reid, Morris* of *Borth-y-Gest* und *Hodson.*

[366] A. a. O., S. 359 f.

[367] A. a. O., S. 371.

[368] A. a. O., S. 377.

legislation following on a wide survey of the whole field and I think that such a survey is over-due."[369]

Daß die Bedeutung dieser Entscheidung, d. h. der endgültigen Zurückweisung von Beweisen der beschriebenen oder ähnlicher Art, nicht nur im Hinblick auf Verfahren wegen Kraftfahrzeugdiebstähle, sondern auch für zahlreiche gleich gelagerte Fälle (z. B. die sogenannten „long fraud cases") außerordentlich ist, liegt auf der Hand.[370] Es verwundert daher nicht, daß der englische Gesetzgeber bereits ein Jahr später den Criminal Evidence Act 1965 erlassen hat, dessen vollständige Bezeichnung lautet: An Act to make certain trade or business records admissible as evidence in criminal proceedings.

### *b) Der Wortlaut des Criminal Evidence Act 1965*

1. Admissibility of Certain trade or business Records. —

(1) In any criminal proceedings where direct oral evidence of a fact would be admissible, any statement contained in a document and tending to establish that fact shall, on production of the document, be admissible as evidence of that fact if —

(a) the document is, or forms part of, a record relating to any trade or business and compiled, in the course of that trade or business, from information supplied (whether directly or indirectly) by persons who have, or may reasonable be supposed to have, personal knowledge of the matters dealt with in the information they supply; and

(b) the person who supplied the information recorded in the statement in question is dead, or beyond the seas, or unfit by reason of his bodily or mental condition to attend as a witness, or cannot with reasonable diligence be identified or found, or cannot reasonably be expected (having regard to the time which has elapsed since he supplied the information and to all the circumstances) to have any recollection of the matters dealt with in the information he supplied.

(2) For the purpose of deciding whether or not a statement is admissible as evidence by virtue of this section, the court may draw any reasonable inference from the form or content of the document in which the statement is contained, and may, in deciding whether or not a person is fit to attend as a witness, act on a certificate purporting to be a certificate of a fully registered medical practitioner.

(3) In estimating the weight, if any, to be attached to a statement admissible as evidence by virtue of this section regard shall be had to all the

---

[369] A. a. O., S. 362. — Siehe dazu auch *Cross*, "What should be done ...", [1965] Crim. L. R. 68 ff., und "A Short Reply", [1965] Crim. L. R. 97 ff.; *Nokes*, "Some Suggestions on Hearsay", [1965] Crim. L. R. 85 ff.; *Griew* "What the Butler Said He Saw", [1965] Crim. L. R. 91 ff.

[370] Vgl. z. B. die Entscheidung in dem Fall R. v. Sealby, [1965] 1 All E. R. 701, in der ebenfalls bestimmte Kraftfahrzeugunterlagen als Beweis zurückgewiesen worden sind.

circumstances from which any inference can reasonably be drawn as to the accuracy or otherwise of the statement, and, in particular, to the question whether or not the person who supplied the information recorded in the statement did so contemporaneously with the occurence or existence of the facts stated, and to the question whether or not that person, or any person concerned with making or keeping the record containing the statement, had any incentive to conceal or misrepresent the facts.

(4) In this section "statement" includes any representation of fact, whether made in words or otherwise, "document" includes any device by means of which information is recorded or stored and "business" includes any public transport, public utility or similar undertaking carried on by a local authority and the activities of the Post Office.

2. Short title, saving and extent. —

...

## 2. THE CRIMINAL JUSTICE ACT, 1948[371]

s. 41. Evidence by certificate. —

(1) In any criminal proceedings, a certificate purporting to be signed by a constable, or by a person having the prescribed qualifications, and certifying that a plan or drawing exhibited thereto is a plan or drawing made by him of the place or object specified in the certificate, and that the plan or drawing ist correctly drawn to a scale so specified, shall be evidence of the relative position of the things shown on the plan or drawing.

(2) ...[372]

(3) In any proceedings for an offence consisting of the stealing of goods in the possession of any of the Boards... or for an offence under section 12 or 18 or subsection (2) of section 33 of the Larceny Act, 1916, or sections 50—56 of the Post Office Act, 1908, a statutory declaration made by any person —

(a) that he dispatched or received or failed to receive any goods or postal packet or that any goods or postal packet when dispatched or received by him were in a particular state or condition; or

(b) that a vessel, vehicle or aircraft was at any time employed by or under the Post Office for the transmission of postal packets under contract,

shall be admissible as evidence of the facts stated in the declaration.[373]

(4) Nothing in this section shall be deemed to make a certificate or statutory declaration admissible as evidence in proceedings for an offence except in a case where and to the extent to which oral evidence to the like effect would have been admissible in those proceedings.

(5) Nothing in this section shall be deemed to make a certificate or statutory declaration admissible as evidence in proceedings for any offence —

---

[371] *Halsbury*'s Statutes of England, Vol. 28, S. 348 ff.

[372] Abs. II ist durch s. 267 (1) i. V. mit Sch. XVIII des Road Traffic Act, 1960, aufgehoben und durch dessen s. 242 (1) ersetzt worden. — Siehe unten.

[373] Abs. III i. d. F. des Transport Act, 1962, s. 32 (1), Sch. II, Part I.

(a) unless a copy there of has, not less than 7 days before the hearing or trial, been served in the prescribed manner on the person charged with the offence; or
(b) if that person, not later than three days before the hearing or trial or within such further time as the court may in special circumstances allow, serves notice in the prescribed form and manner on the prosecutor requiring the attendance at the trial of the person who signed the certificate or the person by whom the declaration was made, as the case may be.
(6) ...

## 3. THE ROAD TRAFFIC ACT, 1960[374]

s. 242. Evidence by certificate. —

(1) In any proceedings in England or Wales for an offence to which section 232 of this Act applies a certificate in the prescribed form, purporting to be signed by a constable and certifying that a person specified in the certificate stated to the constable —
(a) that a particular motor vehicle was being driven or used by, or belonged to, that person on a particular occasion; or
(b) that a particular motor vehicle on a particular occasion was used by or belonged to a firm in which that person also stated that he was at the time of the statement a partner; or
(c) that a particular motor vehicle on a particular occasion was used by or belonged to a corporation of which that person also stated that he was at the time of the statement a director, officer or employee,
shall be admissible as evidence for the purpose of determining by whom the vehicle was being driven or used, or to whom it belonged, as the case may be, on that occasion.

(2) — (4) ...

## 4. THE ROAD TRAFFIC (DRIVING INSTRUCTION) ACT 1967[375]

s. 14. Evidence by certificate as to Registration and licences. —

(1) A certificate signed by the Registrar and stating that, on any date, —
(a) a person's name was, or was not, in the register;
(b) the entry of a person's name was made in the register or a person's name was removed therefrom;
(c) a person was, or was not, the holder of a current licence under section 6 of this Act; or
(d) a licence under section 6 of this Act granted to a person came into force or ceased to be in force;

---

[374] *Halsbury*'s Statutes of England, Vol. 40, S. 703 ff. — s. 242 (1) i. d. F. des Road Traffic Act, 1962, s. 51 (1), Sch. IV, Part I (abgedr. in *Halsbury's* Statutes of England, Vol. 42, S. 885 ff.).

[375] *Halsbury*'s Statutes of England, Vol. 47, S. 1735 ff.

shall be evidence, and in Scotland sufficient evidence, of the facts stated in the certificate in pursuance of this section.

(2) A certificate stating as aforesaid and purporting to be signet by the Registrar shall be deemed to be so signed unless the contrary is proved.

## 5. THE ROAD TRAFFIC ACT, 1962[376]

s. 2. Evidence on charge of unfitness to drive. —

(1) In any proceedings for an offence under the said section six, the court shall, subject to subsection (4) of this section, have regard to any evidence which may be given of the proportion or quantity of alcohol or of any drug which was contained in the blood or present in the body of the accused, as ascertained by analysis of a specimen of blood taken from him with his consent by a medical practitioner, or of urine provided by him, at any material time; and if it is proved that the accused, when so requested by a constable at any such time, refused to consent to the taking of or to provide a specimen for analysis, his refusal may, unless reasonable cause therefor is shown, be treated as supporting any evidence given on behalf of the prosecution, or as rebutting any evidence given on behalf of the defence, with respect to his condition at that time.

(2) For the purposes of any such proceedings, a certificate purporting to be signed by an authorised analyst, and certifying the proportion of alcohol or any drug found in a specimen identified by the certificate and, in the case of a specimen not being a specimen of blood, the proportion of alcohol or of that drug in the blood which corresponds to the proportion found in the specimen, shall be evidence of the matters so certified and of the qualification of the analyst: Provided that the foregoing provision shall not apply to a certificate tendered on behalf of the prosecution unless a copy has been served on the accused not less than seven days before the hearing or trial, nor if the accused, not less than three days before the hearing or trial, or within such further time as the court may in special circumstances allow, has served notice on the prosecutor requiring the attendance at the hearing or trial of the person by whom the certificate was signed.

(3) — (7) ...

## 6. THE CRIMINAL PROCEDURE ACT, 1865[377]

s. 6. Proof of conviction of witness for felony or misdemeanor may be given. —

A witness may be questioned as to whether he has been convicted of a felony or misdemeanor, and upon being so questioned, if he either denies or does not admit the fact, or refuses to answer, it shall be lawful for the cross examining party to prove such conviction; and a certificate containing the

---

[376] *Halsbury's* Statutes of England, Vol. 42, S. 885 ff. — s. 2 (1) i. d. F. des Road Safety Act 1967, ss. 3 (5), 32 (2), Sch. II (*Halsbury's* Statutes, Vol. 47, S. 1552 ff.).

[377] *Halsbury's* Statutes of England, Vol. 9, S. 586 ff.

substance and effect only (omitting the formal part) of the indictment and conviction for such offence, purporting to be signed by the clerk of the court or other officer having the custody of the records of the court where the offender was convicted, or by the deputy of such clerk or officer, (for which certificate a fee of five shillings and no more shall be demanded or taken) shall, upon proof of the identity of the person, be sufficient evidence of the said conviction, without proof of the signature or official character of the person appearing to have signed the same.

## 7. THE PERJURY ACT, 1911[378]

s. 14. Proof of certain proceedings on which perjury is assigned. —
On a prosecution —

(a) for perjury alleged to have been committed on the trial of an indictment for misdemeanour; or

(b) for procuring or suborning the commission of perjury on any such trial,

the fact of the former trial shall be sufficiently proved by the production of a certificate containing the substance and effect (omitting the formal parts) of the indictment and trial purporting to be signed by the clerk of the court, or other person having the custody of the records of the court where the indictment was tried, or by the deputy of that clerk or other person, without proof of the signature or official character of the clerk or person appearing to have signed the certificate.

## 8. THE POST OFFICE ACT, 1953[379]

s. 72. Evidence of thing being postal packet, and of consent of Postmaster-General to prosecution. —

(1) . . .

(2) Where the consent or order of the Postmaster-General ist required to or for any prosecution, an instrument signed by him or on his behalf and stating that the prosecution has been consented to or ordered by the Postmaster-General shall be sufficient proof of that fact, unless the contrary is shown.

## 9. THE BANKRUPTCY ACT, 1914[380]

s. 137. Gazette to be evidence. —

(1) A copy of the London Gazette containing any notice inserted therein in pursuance of this Act, shall be evidence of the facts stated in the notice.

---

[378] *Halsbury*'s Statutes of England, Vol. 5, S. 963 ff. — s. 14 i. d. F. des Criminal Law Act 1967, s. 10 (2), Sch. III, Part III (abgedr. in *Halsbury*'s Statutes of England, Vol. 47, S. 336 ff.).

[379] *Halsbury*'s Statutes of England, Vol. 33, S. 476 ff. — s. 72 (2) i. d. F. des Post Office Act, 1961, ss. 23 (1), 28 (1), Sch. (abgedr. in *Halsbury*'s Statutes of England, Vol. 41, S. 809 ff.).

[380] *Halsbury*'s Statutes of England, Vol. 2, S. 321 ff.

(2) The production of a copy of the London Gazette containing any notice of a receiving order, or of an order adjudging a debtor bankrupt, shall be conclusive evidence in all legal proceedings of the order having been duly made, and of its date.

## 10. THE FACTORIES ACT, 1961[381]

s. 78. Power to take samples. —
(1) — (2) . . .
(3) A certificate purporting to be a certificate by the Government Chemist as to the result of an analysis of a sample under this section shall in any proceedings under this Act be admissible as evidence of the matters stated therein, but either party may require the person by whom the analysis was made to be called as a witness.

## 11. THE FOOD AND DRUGS ACT, 1955[382]

s. 110. Evidence of analysis. —
(1) In any proceedings under this Act, the production by one of the parties of a document purporting to be a certificate of a public analyst in the form prescribed under subsection (5) of section 92 of this Act, or of a document supplied to him by the other party as being a copy of such a certificate, shall be sufficient evidence of the facts stated therein, unless, in the first mentioned case, the other party requires that the analyst shall be called as a witness.
(2) In any such proceedings, if a sample of milk has been taken by an officer of one authority at the request of an officer of another authority, a document purporting to be a certificate signed by the officer who took the sample and stating that the provisions of this Act with respect to the manner in which samples are to be dealt with were complied with shall, if a copy thereof has been served on the defendant with the summons, be sufficient evidence of compliance with those provisions, unless the defendant requires that the officer shall be called as a witness.
(3) — (4) . . .

---

[381] *Halsbury*'s Statutes of England, Vol. 41, S. 239 ff.
[382] *Halsbury*'s Statutes of England, Vol. 35, S. 91 ff.

Kolibri 360 GmbH
Ferdinand-Jühlke-Straße 7
99095 Erfurt, Deutschland
produktsicherheit@kolibri360.de